die
letzte
freiheit

GEORG DIEZ

DIE
LETZTE
FREIHEIT

BERLIN VERLAG

MIX
Papier aus verantwor-
tungsvollen Quellen
FSC   FSC® C083411
www.fsc.org

© Berlin Verlag in der Piper Verlag GmbH, München / Berlin 2015
Alle Rechte vorbehalten
Umschlaggestaltung und Typografie: Tom Ising
für HERBURG WEILAND, München
Gesetzt aus der New Caledonia und der Didot von Fagott Ffm
Druck und Bindung: CPI books GmbH, Leck
Printed in Germany
ISBN: 978-3-8270-1297-5

www.berlinverlag.de

VOM
RECHT, SEIN
ENDE
SELBST ZU
BESTIMMEN

DER
WEG

Der Himmel war blau, und die Welt war, wie sie sein sollte. Wir waren früh aufgestanden, wir hatten einen Kaffee in der Bar am Marktplatz getrunken, wir hatten ein paar Flaschen Wasser gekauft und Schinken und Käse und ein wenig Brot, wir waren durch die kühlen Gassen der Stadt gelaufen, die so ruhig war und alt, Volterra, und als wir aus dem Stadttor traten, da umfing uns das Grün der Toskana mit all ihrer strengen Heiterkeit.

»Hier lang«, sagte Max, nennen wir ihn Max.

»Ich glaube nicht. Ich glaube, es geht hier lang«, sagte ich und war ziemlich sicher.

»Wenn ich etwas weiß, dann, wie man eine Karte liest«, sagte Max, der sich irrte.

»Aber schau doch«, sagte ich, »hier ist Süden, dort sind die Hügel, die wir gestern Abend gesehen haben, und wenn wir nach San Gimignano wollen, dann müssen wir Richtung Osten, also müssen wir da entlang.«

Wir gingen ein wenig den Weg weiter, den ich vorgeschlagen hatte, an einer Tankstelle vorbei und auf ein paar Häuser zu, die sich um eine Kurve schmiegten, und schließlich fragte Max, der Italienisch spricht, einen alten Mann, der uns auf der Straße entgegenkam. Er nickte und deutete in Richtung Osten.

Und als wir schließlich abbogen auf die kleine Seitenstraße, die uns durch Obstgärten und Olivenhaine in Richtung San Gimignano bringen sollte, blieb Max stehen und schaute sich das alles an, das hundertfache Grün, die Bäume in ihrer stillen Bestimmung, die Hügel in ihrem Schwung, den Himmel, die Schönheit, Italien, er fuhr sich durch die Haare und lauschte in die eigene Ruhe und sagte dann: »So muss es doch sein.«

TAUSENDE VON KLEINEN STERNEN

Max hatte mich ein paar Tage zuvor angerufen. Wir hatten eine Weile nicht miteinander gesprochen. Wir hatten uns etwas voneinander entfernt, obwohl er mir immer nah war. Ich weiß nicht, ob wir wirklich je enge Freunde waren, auch wenn wir uns das vielleicht gewünscht hätten. Aber wir hatten immer viel über Freundschaft gesprochen.

»Mir geht es schlecht«, hatte Max am Telefon gesagt, »mir geht es richtig schlecht.«

Er hatte das schon öfter gesagt, es war die Art von Offenbarung, die erfolgreiche Menschen ab und zu gern machen, so scheint es mir, auch weil sie den Schmerz und den Schock genießen, der diese Nachricht anrichtet: bei ihnen selbst und bei denen, die sie damit überraschen.

Denn Stärke war das, was Max ausmachte, Stärke und Selbstvertrauen und eine Souveränität, die manche nicht zu Unrecht für Arroganz hielten, was ihn nicht störte, sondern eher freute und antrieb; es war gut, von anderen nicht gemocht zu werden, das gab einem Sinn und Form in der Ablehnung.

Es war aber auch anstrengend auf Dauer. Vor allem, wenn man nicht so hart ist, wie die anderen denken. Wenn man hart ist, weil das eine Rolle ist, die man sich selbst gibt oder die einem andere geben. Man hält das eine Weile durch, dann bricht etwas, und man spürt ihn erst sehr viel später, diesen Riss, der durch einen hindurchgeht.

Etwas war anders dieses Mal. Er habe es lange nicht gemerkt, wie schlecht es ihm gehe, sagte Max, er habe verdrängt, wie abhängig er sei von den Tabletten, die er nehme, gegen seine Angst, zum Funktionieren, für den Job. Er habe oft geweint, auf dem Weg zur Arbeit, er habe sich Zeit gelassen auf dem Weg nach Hause, sehr viel Zeit, er halte den Druck nicht mehr aus, den die Firma auf ihn ausübe, er müsse sparen in seiner Abteilung, er müsse umgestalten, er müsse den Hass der Leute ertragen, die er entlässt, und wolle das Vertrauen derer nicht enttäuschen, die von ihm abhängen.

Es seien nur seine Kinder, sagte er schließlich, die ihn im Leben gehalten hätten.

Wenn wir gehen, fällt etwas ab von uns, es bleibt etwas zurück, das sich mit jeder Bewegung weiter entfernt, das Alte, das Vertraute, die Trauer, und wir kommen an, im Neuen, im Moment, mit jedem Schritt.

Es ist eine Reduktion in der Weite, es ist der Rhythmus, eine Ordnung, eine Bestimmung. Der Atem, der Körper, die ungewohnte Bewegung, eine Konzentration darauf, wie sich dieser Körper durch eine Landschaft bewegt, die etwas auslöst, eine Klarheit, weil es eine alte Art ist, sich zu bewegen, zu Fuß, mit einem Plan: Wie kommen wir von hier nach dort?

Das ist das Wesen der Karte. Sie reduziert die Möglichkeiten, indem sie alles zeigt. Sie schafft eine Ordnung, die artifiziell ist, weil es nicht die Ordnung des Alltags ist, es ist nicht die Routine der Handgriffe und Gedanken, es ist die Frage danach, wo die richtige Abzweigung ist und was hinter der nächsten Kurve kommt. Mehr gibt es nicht in diesem Moment, das ist alles, was zählt. Von A nach B. Der Rest löst sich auf, eins, zwei, eins, zwei, linker Fuß, rechter Fuß, der stete Atem. Die Welt fällt weg, indem sie entsteht. Wir sind hier, das ist der einzige Sinn in diesem Augenblick, das ist die einzige Realität. Der Atem geht ruhiger, die Gedanken gewinnen Weite.

Vor uns öffnete sich der Blick auf einen Berg, der wie vergessen in der Landschaft stand. »Stendhal«, hatte Max am Morgen vor der Wanderung gesagt, »ist diesen Weg auch einmal gegangen, vor ziemlich genau 200 Jahren.«

200 Jahre. Die Zeit fließt durch einen hindurch, auf so einem Weg, die Zeit, die man braucht, die Zeit, die andere brauchten, die Zeit, die alles ausmacht. Auch die Zeit löst sich auf, indem sie entsteht. Je kürzer die

Momente, desto länger dauern sie. Minute um Minute, Schritt für Schritt. Max mochte das, Max verstand das, die herrliche Reduktion.

Es schien ihm zu helfen. Etwas öffnete sich. Er, der immer so viele Ideen hatte, der alles las und vieles wusste, sprach davon, dass er keinen Sinn mehr sehe, dass er nicht wisse, warum er das alles noch dreißig oder vierzig Jahre machen solle, »das ist doch Scheiße, ich kann nicht mehr, ich weiß nichts«, sagte er, der so vieles kann, und die Landschaft nahm auch diesen Kummer gelassen hin.

»Die Liebe«, schrieb Stendhal in »De l'Amour« für die Frau, die er immer lieben sollte, obwohl er sie nicht haben konnte, »ist wie die Milchstraße, ein heller Strahl, der aus Tausenden von kleinen Sternen besteht, von denen jeder einzelne oft wie ein kleiner Nebel ist.«

Aber wenn man das nicht mehr sieht, die einzelnen Sterne, dann sieht man auch die Milchstraße nicht mehr. Dann sieht man nur noch den Nebel. Dann sieht man nichts. Erst kommt der Weltverlust, dann kommt der Ichverlust.

»Mein Leben gähnt mich an wie ein großer weißer Bogen Papier, den ich vollschreiben soll«, schreibt Georg Büchner in »Leonce und Lena«, »aber ich bringe keinen Buchstaben heraus. Mein Kopf ist ein leerer Tanzsaal, einige verwelkte Rosen und zerknitterte Bänder auf dem Boden, geborstene Violinen in der Ecke, die letzten Tänzer haben die Masken abgenommen und sehen mit todmüden Augen einander an.«

Es ist, als habe Büchner diesen Text für Max geschrieben, jedenfalls für den Max, der nicht mehr wollte, weil er alles gesehen hatte, der sich leer fühlte und wertlos, der nicht mehr wusste, wo vorne war und wo hinten, und der seinen Sinn für Zeit, Orientierung, Ordnung verloren hatte.

Max ist Ende dreißig. Er hat kleine Kinder, er ist verheiratet. Seine Geschichte ist in vielem eine ganz normale Geschichte. Es ist die Geschichte einer Überforderung, wie sie heute, so oder so ähnlich, dauernd vorkommt: Ein guter Vater, eine gute Karriere, eine gute Ehe, Freunde, Reisen, das richtige Sakko, das richtige Auto, ein Haus bauen, eine Wohnung kaufen, die Finanzierung selbst finden, die Flüge selbst buchen, sein Leben selbst navigieren, und alles gleichzeitig, alles in einem Alter, in dem die Kinder früher längst aus dem Haus oder auf dem Internat waren und heute gerade mal zwei, drei oder vier Jahre alt sind, und natürlich steht der Vater nachts auf, um sie zu wickeln, selbst wenn er erst um eins und leicht betrunken von den drei Gin Tonic von der Vernissage nach Hause gekommen ist.

Und weil es manchmal leichter ist, die Welt für das verantwortlich zu machen, was geschieht, als sich selbst genau anzuschauen, folgt aus der Krise, die dieses Leben unweigerlich erleidet, der Versuch einer Erklärung, die scheitern muss. Denn das Leiden ist zu alltäglich. Das macht es nicht einfacher. Der Grund aber dafür ist dann auch im Alltag zu suchen. Das Problem ist die Normalität.

War es also eine Depression, an der Max litt, eine Depression, die aus der Überforderung entsteht, weil er dauernd mit Aufgaben und Entscheidungen konfrontiert war, die ihn in die Enge trieben, weil er alles gleichzeitig sein wollte, alles gleichzeitig tun wollte, weil er keine Grenzen mehr ziehen, keine Prioritäten setzen konnte, weil er ein Alleskönner auf dem Hochseil war und täglich sah, wie weit er abstürzen konnte?

Wenn man aber die Depression in diesem Sinn als eine Metapher für unsere Gegenwart oder für einen Kapitalismus nimmt, den man an vielen anderen Stellen besser und härter kritisieren könnte als an diesem einen Punkt des individuellen Leidens, dann gibt es ein Problem: Man schaut ungenau auf den Einzelfall und man schaut ungenau auf das Ganze. Das eine mag mit dem anderen zu tun haben, so wie jede Zeit ihre speziellen Pathologien produziert – aber das eine lässt sich nicht lösen, indem man das andere kritisiert. Weder ist es für Menschen wie Max eine Hilfe, wenn man die Schuld für seine Probleme in einem umfassenden Kapitalismus sucht. Noch ändert es etwas am Wesen dieses ausdifferenzierten Herrschaftssystems Kapitalismus, wenn man Mitleid für Max hat.

Im Gegenteil: Diese Kritik wirkt wie eine Art von gesellschaftlichem Placebo, die eher systemstabilisierend ist, weil sie von den eigentlichen Fragen ablenkt, die ökonomische sind, und sie auf die Ebene der persönlichen Probleme und der Psychologie reduziert.

Und was bedeutet dieser Gedankenschritt, der häufig gemacht wird, wenn bekannt wird, dass sich jemand tatsächlich umgebracht hat, der an Depressionen litt, Taten, die manchmal sogar in die Schlagzeilen geraten: Ein Fußballstar wie Robert Enke, der sich vor einen Zug stellte und dessen Tod zu großer Bestürzung führte, oder ein Pilot wie Andreas Lubitz, der 149 Passagiere mit in den Tod nahm und dessen Tat zu großer Wut und Verunsicherung führte – was bedeutet diese Beziehung von Depression und Selbstmord? Was bedeutet es für das Nachdenken über die Depression? Und was bedeutet es für das Nachdenken über den Selbstmord, der gar nicht so heißen sollte, denn wenn es kein Gesetz gibt, das den eigenen Tod verbietet, ist es auch kein Mord, weil das ja ein juristischer Terminus ist?

Es gibt die Depression, und es gibt Menschen, die nicht mehr können und sich das Leben nehmen, nicht weil sie frei sind, sondern weil sie unfrei sind. Es geht nicht anders, oft haben sie lange gekämpft, aber die Krankheit war stärker. Es gibt aber auch die Menschen, die nicht an dieser Krankheit leiden und sich umbringen, aus all den Gründen, die so zahlreich sind wie die Kieselsteine am Meer. Wie soll man auf deren Entscheidung reagieren? Sieht die Gesellschaft darin eine Bedrohung oder eine Offenheit, die sie erst einmal ertragen muss?

Anders gesagt: Was bedeutet es für das Leben, wenn es vom Ende her gedacht wird? Nicht als eine Chance, eine Möglichkeit, ein Feld der Freiheit – sondern nur als Gefahr, als Problem, als etwas Illegales, was dort droht, wo ein Mensch sich entschließt, sein Leben und sein Sterben in die eigene Hand zu nehmen? Was passiert, wenn diese existentielle Frage, die nur den Einzelnen betrifft, überfrachtet wird mit einer gesellschaftlichen Angst, die sich aus ganz anderen Schreckenserfahrungen speist, die aber mit dem gleichen Wort verbunden sind – der Selbstmord also als eine Art Über-Metapher dieser Epoche, die im Schatten der Angst steht, spätestens seit den Anschlägen vom 11. September 2001?

Damals bekam das Wort vom Selbstmord eine neue bedrohliche Dimension. Menschen wurden zu Waffen, indem sie bereit waren, sich zu opfern. Das war in diesem Maß neu: Sie konnten Menschen zu Tausenden töten und ganze Städte, ganze Nationen in Unsicherheit und Wut versetzen. Das Selbstopfer, der Märtyrer, so religiös, fanatisch, extrem überhöht, wurde zu einer realen Gefahr, in den Bussen von Tel Aviv und auf den Marktplätzen von Kabul, auf den Straßen von Islamabad und in den Hotels von Mumbai – der Selbstmord bekam eine tatsächlich militärische Bedeutung durch die Asymmetrie des Tötens, eine Bedeutung, die sich mit neuer Angst um diese Tat legte, die immer mit Angst und Argwohn behaftet war, seit Jahrtausenden, schon weil der Tod das ultimative Rätsel bleibt.

Es ist, man sieht es schon, eine Eskalations-Argumentation, von Max und seinen Problemen zum Märtyrertod in ein paar Absätzen, es ist die etwas panische Hysterie, die, wie so oft heute, auch diese Diskussion verfolgt, bei der so vieles vermischt wird, was nicht zusammengehört: Kritik am Kapitalismus, extremistischer Terror, Krankheit, Depression, Altern, der gute Wille zu helfen und eine paternalistische Moral, die sich vor dem Einzelnen aufbaut – das alles zusammengefasst in dem ungeheuren Wort vom Selbstmord, das alles verschluckt in einer fast schon gewollten Ungenauigkeit.

Denn die Herrschaft über das Leben ist ja das älteste Mittel der Dominanz, es ist das Fundament, auf dem die politische Ordnung, die Diktatur, die Freiheit beruht, hier entscheidet sich, was individuelle Moral oder höheres Gesetz sein soll, hier ist der Moment, an dem das Denken beginnt, wie Camus meint, und damit auch die Existenz – jede Zeit und jede Macht hat deshalb gute Gründe, sich davor zu fürchten, dass der Mensch sein Schicksal, wenn man es so nennen will, in die eigene Hand nimmt. Diese Autonomie bedroht den Wesenskern einer Herrschaft, die auf Abhängigkeit beruht: Und weil die Freiheit des Einzelnen sich nur aus sich selbst heraus rechtfertigt, gilt das im Grunde für jede Gesellschaft, Regierung, Doktrin, Moral, Instanz.

Um diesen Freiheitsmoment geht es: eine Leere, die alles möglich macht, eine Tat, aus der alles folgt, eine

Vernichtung, die uns entstehen lässt. Es ist die Idee des eigenen Todes, die diese Freiheit schafft, die Idee der eigenen Herrschaft über den Tod, woraus die Autonomie erwächst und die Chance, auch über das eigene Leben und die Frage der Freiheit nachzudenken.

Diese Freiheit ist der Ausgangspunkt – aber um an diesen Anfang des Nachdenkens über den Tod wie über das Leben zu gelangen, muss man erst einmal vieles von dem wegräumen, was sich um das Wort und die Tat gelegt hat, ein Paket aus Ängsten, Projektionen, Mutmaßungen, Interessen, all das, was sich schon in dem Wort bündelt, Selbstmord: »Sein selbst morden«, so sagte es Martin Luther 1527, so kam das Wort vom Selbstmord in die deutsche Sprache, es war die christliche Sicht, und die Kirche wollte sich lange aus ihrem Gottesbild heraus die Kontrolle, die vollständige Kontrolle über Leib und Seele der Gläubigen nicht nehmen lassen.

Sprache ist Herrschaft, das sieht man an diesem Angstwort Selbstmord – man könnte auch vom »Suizid« sprechen, ein Begriff aus dem 17. Jahrhundert, der aus dem Lateinischen kommt, eine etwas seltsame Aneinanderreihung von Buchstaben, gespreizt, fast klinisch, so kompliziert wie die Gründe, ein wenig durchscheinend, fast luzide, und gleichzeitig behauptet dieses Wort eine Neutralität, die unangebracht wirkt, unpersönlich, schmerzfrei, mechanisch im Vollzug. Immerhin gibt dieses Wort der Tat keinen kriminellen Drall: Mord ist eine gesellschaftliche Kategorie, der

Freitod dagegen ist individuell – und damit trifft es dieses Wort am besten, der Freitod, es ist ein fast schon positives Wort, euphorisch, beschwingt, bedrohlich romantisch, es passt besser, um erst einmal zu umfassen, wovon man spricht, was man meint, wenn man davon spricht, dass sich jemand das Leben nimmt.

Und das ist schließlich die schönste und einleuchtendste Formulierung, in der all das enthalten ist, um was es beim Nachdenken über den freien, den selbstbestimmten Tod geht – eine emanzipatorische Ahnung davon, dass sich hier vieles findet, was den Menschen ausmacht oder ausmachen sollte. Wer sich das Leben nimmt, tut es aus eigenem Antrieb, er nimmt sich, was ihm gehört, es ist eher Besitz als Mangel, eher Präsenz als Abwesenheit, eher Tat als Passivität, es ist die Quintessenz dessen, was überhaupt ein gutes Leben ausmacht. Und damit auch einen guten Tod.

Wir liefen weiter, Max und ich, und die Ebene öffnete sich vor uns, grün und neu, als sei es das erste Mal. Wir waren an einem Bauernhof vorbeigekommen, wo zwei alte Männer auf einem Acker gearbeitet hatten. Wir waren an ein paar verlassenen Ruinen vorbeigekommen, wo jemand mal ein Leben hatte. Irgendwo hatten Landarbeiter Jeans und T-Shirts zum Trocknen aufgehängt. Niemand war zu sehen.

Und Max erzählte. Er erzählte, wie er in seine Abhängigkeit hineingeschlittert war, und es war klar, dass es weniger eine Abhängigkeit war von einer bestimmten Art von Medikament und mehr von einer bestimmten Art von Leben: Dieser Widerspruch aus Ambition und Überforderung, der bei manchen Leuten angelegt ist, heute vielleicht mehr als früher, weil sich die Rollenbilder, die Geschlechterbilder, selbst die Menschenbilder auflösen und neu sortieren, und mittendrin steht ein Mensch, der weich ist, wie fast jeder Mensch, und Zweifel hat, die er aber kaum sich selbst offenzulegen traut, und der Schritt für Schritt in eine Position kommt, in der er sich nur noch nach vorne bewegen kann, so nimmt er das wahr, nicht mehr zur Seite, nach links oder rechts, und schon gar nicht wieder zurück.

Die Zeit, das ist das Problem, ist linear, sie ist aber auch synchron, es passieren so viele Dinge gleichzeitig, man bekommt Kinder, übernimmt Verantwortung, alles nicht mehr eins nach dem anderen, alles überlappend, man reist durch die Welt, man kocht zu Hause, alles ist super, alles ist möglich, und auf einmal macht es einen Knacks, und die Bandscheibe geht nicht mehr oder die Seele, und es bleiben nur Tränen und Ratlosigkeit.

Auf einmal werden dann die Möglichkeiten der eigenen Biografie, die bisher das Leben ausmachten, vor allem als Bedrohungen wahrgenommen, auf einmal verengt sich die Zeit, die vor einem liegt, zu einem dunklen Kanal, durch den man sich nur noch mit Mühe hindurchzwängen kann, auf einmal wird die

Freiheit, die das eigene Leben bedeutet, als Zumutung empfunden.

Aber wie kann man das fassen, wie kann man davon erzählen? Das Dickicht etwa, durch das wir jetzt liefen, war das schon eine Metapher? Wir hatten irgendeine Abzweigung verpasst, wir waren an einem verlassenen Hof vorbeigekommen, wo es wirkte, als würden uns aus zerbrochenen Fenstern Augen beobachten, wir waren einen Olivenhain hinuntergestiegen, bis wir an eine Wand aus Wald gestoßen waren. Max hatte von einem Film erzählt, in dem zwei Typen aus der Großstadt sich verirren und wochenlang gefangen gehalten und vergewaltigt werden, und wir hatten etwas gequält gelacht.

Wir waren zurückgegangen und hatten große blaue und rote Patronenhülsen im Gras liegen sehen und waren an einer seltsamen Konstruktion vorbeigekommen aus Holzlatten, wo wohl Tiere aufgehängt werden, die die Jäger geschossen haben. Und schließlich waren wir einem Weg gefolgt, der tief und immer tiefer in den Wald hineinführte, die Äste griffen nach uns, wir mussten uns bücken, und unsere Rucksäcke verhedderten sich im Gestrüpp, der Weg teilte sich, und wir gingen nach links, bis wir helleres Licht und leichteres Grün sahen, aus dem Dunkel heraus, und als wir uns die letzten Meter durchs Gebüsch zwängten, waren wir euphorisch, bis wir aus dem Wald hinaus und auf einen Felsvorsprung traten und merkten, dass wir an einen Abgrund gelangt waren.

Wir mussten zurück. Aber auch dieses Bild erklärt nichts. Auch diese Geschichte bleibt eine Geschichte, weiter nichts. Der Drang nach Erklärungen ist immer dann besonders stark, wenn die Leere so eklatant ist und das Nichts so groß, so offensichtlich, ein Fragezeichen, etwas, das eine Bedeutung haben muss, denn wenn der Tod keine Bedeutung hat, was hat dann das Leben für einen Sinn?

Warum bringen sich Menschen um? Weil sie ihre Ehre verletzt sehen, weil die Liebe sie enttäuscht hat, weil sie sich selbst ruiniert haben oder doch eher andere? All das waren Gründe, früher, so hieß es, die hinter den privaten Motiven größere gesellschaftliche Zusammenhänge erkennbar machten: Das Feld der Kränkungen und Niederlagen wechselte, die Antwort blieb die gleiche. Die Adelswelt kannte den ehrenhaften Freitod, die Romantik kannte den romantischen Freitod, die bürgerliche Gesellschaft kannte den ruinösen Freitod – und die postkapitalistische Gegenwart kennt den postruinösen Freitod, kennt das Erlöschen ohne Feuer, den Burnout, so heißt es heute, der nichts mit dem rauen Cowboy-Burnout von Neil Youngs »Hey hey, my my« zu tun hat und die Depression meint und nur moderner klingt.

Im Gegenteil, die Verlöschensangst der Angestellten- und Selbstständigenwelt ist das langsame Verglimmen im Zwang der Routine, die Überforderung, Schritt für Schritt, ein Druck, der sich so nebenbei aufbaut, dass er kaum als solcher wahrgenommen wird – bis es nicht mehr geht. Man kann nun von diesem Punkt aus einen Kapitalismus kritisieren, der den Einzelnen zum Unternehmer seiner selbst macht. Man kann das Individuum kritisieren, das bei diesem Spiel mitmacht und sich mehr über seine eigene Schwäche ärgert als über die Zwänge des Systems. Aber die Pathologien des Systems sind nur bedingt aussagekräftig für die Pathologien des Einzelnen, selbst wenn sie manchmal gemeinsame Gründe haben mögen.

Der Freitod kennt gesundheitliche oder genetische Faktoren, eine Disposition zum Tode, wie sie in manchen Familien vorkommt, er kann private Gründe haben, aus dem Impuls heraus geschehen oder lange geplant, er kann mit verblassendem Wesen zu tun haben oder verblassender Schönheit oder einer generellen Schwäche, die man nicht mehr ertragen kann. Er kann tausend Gründe haben, die niemand kennt. Jeder dieser Gründe ist relevant. Jede Tat für sich ist relevant. Keine Tat weist über sich selbst hinaus.

Dem Rätsel des Freitods kommt man nicht dadurch näher, dass man seinen Grund kennt. Wer mag entscheiden, ob ein Grund ein Grund ist? Was weiß der Einzelne von sich, das die Menschen um ihn herum nicht wissen? Was verbirgt der Mensch vor sich und vor den anderen, wann reißt dieser Schleier, wann geht es nicht mehr anders? Es ist ein Geflecht von Täuschungen, Irrtümern und Projektionen, das unser Bild von uns und von den anderen ausmacht.

Und so weist jede Tat doch wieder über sich selbst

hinaus, aber in eine andere Richtung. Jede Tat, für sich betrachtet, ist das Ende eines Romans. Jede Tat, für sich betrachtet, ist das Ergebnis eines Lebens. Jede Tat, für sich betrachtet, bringt Klarheit nicht über dieses Leben, sondern über das Leben an sich. Denn wenn man das Leben ohne das Leben denkt, öffnen sich andere Perspektiven.

Der Freitod, erst einmal als Idee und nicht als Tat, bietet damit die Möglichkeit, sich selbst klar zu sehen, sich selbst nackt zu betrachten, allein vor dem Schwarz der Zeit. Es ist ein grausames Bild und darum vielleicht tröstlich, denn es geht allen so, alle sind allein und dadurch verbunden. So betrachtet, ist der Freitod das Ground-Zero des Individualismus, ein Schreckensort, von dem aus das Wissen erwachsen kann, was das Leben ausmacht.

Ein Weiser, schrieb Seneca in seinem »Brief über den Selbstmord«, wird »leben, solange er muss, nicht solange er kann: zusehen wird er, wo er leben soll, mit wem, wie, was er tun soll. Er bedenkt stets, wie das Leben beschaffen, nicht, wie lange es ist: wenn ihm viel begegnet, beschwerlich und seine Ruhe verwirrend, wird er sich freilassen. Und nicht tut er das nur in äußerster Notlage, sondern sobald ihm verdächtig zu sein beginnt das Geschick, prüft er gewissenhaft, ob nicht jetzt Schluss zu machen ist. Überhaupt nicht, meint er, sei es für ihn wichtig, ob er mache ein Ende oder finde, das langsamer geschehe oder schneller: nicht hat er davor Furcht wie vor einem großen Schaden. Niemand kann beim Verträpfeln viel verlieren. Schneller zu sterben oder langsamer ist belanglos, anständig zu sterben oder schäbig ist wesentlich: anständig zu sterben ist aber das Meiden einer Gefahr – schäbig zu leben.«

Als Max anrief, dachte ich nicht lange nach und sagte, dass ich natürlich mit ihm wandern würde. Ich hatte Zeit. Es fühlte sich richtig an.

HAND
AN
SICH
LEGEN

Ich war am Tag zuvor von Berlin nach Pisa geflogen, nur mit einem kleinen Rucksack bepackt. Es war Frühling. Ich hatte ein paar Tage freigenommen, weil ich an meinem nächsten Buch arbeiten wollte. Es sollte ein Text werden über den Freitod, der heute verbunden ist mit einer Logik von Schuld und Recht. Das Reden über den selbstbestimmten Tod ist, anders gesagt, ein Reden über die Angst. Es ist ein Reden über Krankheiten, das Alter, die Depression, die Überforderung. Es ist ein Reden fast ausschließlich im Modus des Pathologischen, der Not und des Helfens, das erst mal nicht vom Einzelnen ausgeht und dessen grundsätzlichem Recht, sein Leben und sein Sterben selbst zu bestimmen, sondern von der Gemeinschaft, die regelt, wie gutes, wie richtiges, wie menschliches Sterben geht.

Aber wem ist mit dieser Angst gedient? Ich wollte etwas anderes. Ich wollte ein Lob des freien, des selbstbestimmten Sterbens versuchen, ausgehend erst einmal von der Idee des Freitods, vom Gedanken, nicht der Tat – und aus der Idee heraus, so die Annahme, lässt sich auch ein anderer Blick auf ein freies, selbstbestimmtes Leben gewinnen. Dieser Gedanke, dieses Denken war das Ziel, ein Denken der Stärke, der Autonomie, der Freiheit: Es sollte darum gehen, wie der unverstellte Blick auf den freien, den guten Tod den Blick öffnet für das freie, das gute Leben.

»Findest du auch Lehrer der Philosophie, die bestreiten, man dürfe Gewalt antun dem eigenen Leben«, schreibt Seneca, »und es für Gotteslästerung erklären, selbst sein eigener Mörder zu werden: warten müsse man auf das Ende, das die Natur bestimmt hat. Wer das sagt, sieht nicht, dass er den Weg zur Freiheit verschließt.«

Ich wusste recht genau, was ich schreiben wollte. Ich hatte im »Spiegel« einen Text über den Tod von Fritz J. Raddatz veröffentlicht, den Literaturkritiker, der sich das Leben nahm, weil er nicht alt und krank und schwach und abhängig sein wollte: Er wollte so sterben, wie er gelebt hatte, frei und selbstbestimmt.

»Willst du gegenüber deinem Körper unabhängig sein«, schreibt Seneca, »als ob du auszuziehen beabsichtigst, bewohne ihn.«

Die Haltung von Raddatz war sehr einfach und sehr klar: Er liebte das Leben, und weil der Tod ein Teil dieses Lebens ist, wollte er ihn so gestalten, wie er sein Leben gestaltet hatte. Er liebte den Luxus, den Champagner, das Schöne, er liebte das Reden, die Rosen, die Literatur und all die Dinge, die ihn umgaben, er liebte es, sich zu inszenieren und andere zu umgarnen, er liebte die Genauigkeit und die kleinen Gesten, und er wollte auch im Tod sichergehen, er wollte genau sein. Er wollte jemanden, der ihm hilft, er wollte jemanden, dem er vertrauen konnte, jemanden, der weiß, was er tut. Er wollte, dass es klappt.

Er wollte sich nicht vor einen Zug stellen und zerfetzt enden zwischen den Rädern eines ICE und damit einen Zugführer lebenslang traumatisieren. Er wollte sich nicht sein Gesicht zu einem blutigen Batzen zerschießen. Er wollte nicht am Abgrund stehen und in sich hineinhorchen, ob er sich traut, ob er springt, ob er segeln wird, bevor er zerschmettert, sein Gehirn auf dem Gehweg, und auch hier wieder die Frage danach, was für ein Schock es für andere sein würde, die ihn so sehen, die das aufwischen müssen, was aus ihm geworden war.

Er wollte sich nicht mit einem Seil oder einem seidenen Schal erhängen, er wollte keine Überdosis Tabletten nehmen und gefunden werden, rechtzeitig, würden die Sanitäter sagen, aber doch spät genug, dass er für den Rest seiner Tage wie ein Radieschen im Rollstuhl sitzen müsste, abhängig von anderen, sich selbst zum Feind.

Er wollte nicht sabbern und siechen. Er wollte nicht, dass er in die Mechanismen der Krankheit gerät oder die Automatismen der Krankenhäuser. Er wollte sich nicht der Logik der Krankenkassen beugen oder dem Hochmut, dem Heldentum, der Hilflosigkeit der Mediziner. Er wollte sich nicht helfen lassen und darauf warten, dass der Tod oder die Krankheit ihn holt. Er wollte sich helfen lassen und dem Tod zuvorkommen.

»Das Leben muss ein jeder auch vor anderen rechtfertigen«, schreibt Seneca, »den Tod vor sich: Der beste Tod ist, der gefällt.«

Raddatz wollte, das war seine Art, für sich allein sterben, nicht allein, aber für sich. Und trotzdem war ich überrascht, dass er sich nicht mit Austern in den Sand von Sylt gesetzt und darauf gewartet hatte, bis die Flut ihn davontrug.

Er hatte getan, was auch meine Mutter tun wollte, aber verworfen hatte, weil es ihr zu traurig erschien, zu einsam, zu hässlich auch, diese Art zu sterben, in einem Zimmer, das nicht nach dir riecht, auf einem Bett, das nicht deines ist, mit Menschen, die du nicht kennst.

Raddatz hatte es getan. Er war »in die Schweiz gefahren«, so hatte es meine Mutter ausgedrückt, wenn sie davon sprach, es klang harmlos und schien mir doch arg. Aktive Sterbehilfe, so heißt das in der Sprache der Verwaltung, in Deutschland verboten, in der Schweiz erlaubt – und vielleicht war meiner Mutter selbst gar nicht klar, wie sehr mich diese Formulierung bedrückte, »in die Schweiz fahren«, weil sie selbst in diesen Worten etwas ganz anderes sah, eine Beruhigung, eine Sicherheit, die Möglichkeit, das zu vermeiden, was sie fürchtete: den langsamen, den elenden, den quälenden Tod, nur noch Körper, Haut, Schmerzen, die Schläuche, die dich mit der Welt verbinden, die Maschinen, die dich im Leben halten, die Zeit, die keinen Sinn mehr ergibt.

Für sie war »die Schweiz« eine Chiffre für sehr viel mehr als nur für die Tat selbst, für sie war es die Chance, dem Krebs ein Leben abzutrotzen, weil sie wusste, dass sie nicht an der Krankheit sterben musste, sondern ihren Tod selbst in der Hand hatte. Diese Klarheit, so schien es, reichte ihr. Diese Klarheit gab ihr die Kraft, sich am Ende gegen den Freitod zu entscheiden.

Für mich aber bedeutete all das eine Angst, die sich von ihr auf mich übertrug, was ich akzeptieren konnte, denn es war ja sie, die starb, warum also sollte nicht ich, ihr Sohn, wenigstens einen Teil dieser Angst übernehmen. Und trotzdem, es blieb diese Drohung, es blieb das Wort »Schweiz«, das ich seither nicht mehr ohne »Tod« denken kann: eine Art von Vororttod, obwohl ich gar nicht weiß, ob die Sterbehilfeorganisation, mit der meine Mutter Kontakt hatte, ihre Wohnungen in den Vororten von Zürich hat.

Aber so stellte ich es mir vor: Waschbeton, gepresste Steine, gepresstes Leben, Gartenhecken und Pflanzen, die dort wachsen, wo sie sollen, etwas Erde zwischen dem Grün, Wurzeln, die aus der Erde schauen, eine Tür mit Klingelschildern aus Metall, viele Namen, die nicht stimmen müssen, Fenster ohne Gesichter, spiegelndes Glas und über alldem, auch über dem Himmel, der fast das Haus berührt, eine Stille, die sich über den Menschen deckt, wenn alles erlischt.

Meine Mutter wollte das zu einem bestimmten Zeitpunkt, relativ am Anfang ihrer Krankheit, sie wollte es aber irgendwann nicht mehr. Vielleicht hatte sie gemerkt, dass sie auch in der Krankheit leben konnte, dass auch der Tod, wenn man sich darauf einlässt, etwas sein kann, das man erleben und gestalten kann, ohne sich das Leben zu nehmen. Vielleicht hatte sie auch nur den Moment verpasst, an dem sie noch wollen konnte, was sie wollte. Denn darum geht es ja auch in dieser Frage nach dem richtigen, nach dem guten Tod: Wie finde ich den Zeitpunkt, an dem die Hoffnung verschwunden ist und die Kraft noch reicht, um den Entschluss auszuführen, der geplant wurde, als die Kraft noch da war?

Autonomie wird dabei ganz existentiell reduziert auf das, was man tut, die Tat. Sie steht am Anfang von allem, die Tat bewegt die Welt und sie beendet sie, so ist die Vorstellung, so ist der Wunsch: Allein die Möglichkeit, die Tat zu denken, gibt manchen Menschen Sicherheit.

»Was ich brauche, ist eine Exitstrategie«, schrieb der Schriftsteller Wolfgang Herrndorf am 30. 4. 2010 in sein Tagebuch, es war bei ihm ein Tumor gefunden worden, der ihn töten würde, wenn er sich nicht selbst vorher tötete. »Ich hatte Cornelius gegenüber schon mal angefangen, aber das noch zu Zeiten der Manie, und da war ich noch vollkommen sicher, dass es nur eine Waffe sein könne. Aus dem einfachen Grund, dass ich herumging und mich prüfte und spürte, die Sache nicht in einem Moment der Verzweiflung, sondern der Euphorie hinter mich bringen zu können, und ohne Probleme. Voraussetzung dafür war, dass zwischen Entschluss und Ausführung nicht mehr als eine Zehntelsekunde liegen dürfe. Schon eine Handgranate wäre nicht gegangen. Die Angst vor den drei Sekunden Verzögerung hätte mich umgebracht. Medikamente mit dem langwierigen Vorgang des Schluckens und Wartens sowieso. Weil, ich wollte ja nicht sterben, zu keinem Zeitpunkt, und ich will es auch jetzt nicht. Aber die Gewissheit, es selbst in der Hand zu haben, war von Anfang an notwendiger Bestandteil meiner Psychohygiene.«

Wolfgang Herrndorf erschoss sich am 26. August 2013, er war 48 Jahre alt, als er sich das Leben nahm. Es ging ihm darum, auch im Tod sein eigenes Leben zu behaupten, gegen andere, gegen die Krankheit, gegen die Gesellschaft, gegen die Vorstellungen von Gesundheit, Anstand, Wohlstand, Konformismus, gegen das Mitleid, gegen die Hilfe auch, es gibt ja kein Gesetz, das vorsieht, dass man Hilfe annehmen muss.

»Ich muss wissen, dass ich Herr im eigenen Haus bin«, schrieb Wolfgang Herrndorf in sein Tagebuch. »Weiter nichts.«

Wir hatten uns ein paar Mal getroffen, Raddatz und ich. Einmal war er in Hamburg in die Redaktion der »Zeit« gekommen und wir hatten über die Dinge gesprochen, die er sammelte, Bilder, Vasen, Menschen. Einmal hatten wir in Sylt über seine Tagebücher gesprochen und die Angst und die Einsamkeit, die sich hinter seinem Drang nach Aufmerksamkeit und Anerkennung verbarg.

Raddatz nannte das in seinen Tagebüchern die »Selbstbitternis des Pfirsichkerns«, dieses Gefühl, das er bei sich beobachtete und das er von Kurt Tucholsky kannte, es war ein Zitat von ihm, den er so verehrte, für seinen Witz, seine Leichtigkeit, seine undeutsche Art, selbst dem Schweren noch etwas abzugewinnen, das die Verhältnisse oder wenigstens die Worte zum Tanzen bringt. »Sehssu, mein Affgen, das is nu deine Heimat«, schrieb er in »Rheinsberg, ein Bilderbuch für Verliebte«, Prosa wie im Sommerwind. »Sag mal: würdest du für dieselbe in den Tod gehen?«

Wie jede Jugend, so fand sich auch diese in der Frage nach dem Tod – weil sich durch den Tod das Leben selbst klarer sehen lässt, besser definieren und gestalten. Der Tod ist für die Jugend ein Accessoire, das ihr gut steht, solang sie es tragen kann. Man darf nur nicht den Fehler machen, den Tod selbst zu ernst zu nehmen, wie es Werther passierte oder denen, die nach ihm kamen und so sein wollten wie er. Der Tod, könnte man sagen, verliert seine Wirkung, wenn er eintritt, das Verlockende, das er für die hat, die glauben, dass ihnen auf dieser Welt nicht zu helfen ist, verschwindet mit der Person, die verschwindet. Der Tod hingegen als Option, als Waffe, die man gebrauchen kann, nicht so sehr gegen sich als gegen andere, dieser Tod hat eine fast euphorisierende Wirkung. Er wird beschworen, von jeder Generation, in jeder Zeit neu. Es ist das Privileg der Jugend, sterben zu wollen; ernst wird es nur, wenn es ernst wird.

Tucholsky merkte früh, dass sich die Dinge entscheidend verändert hatten, dass die Zeit von Rheinsberg vorbei war, dass seine Welt dem Untergang geweiht war. »Unsere Sache hat verloren«, mit diesen Worten wandte er sich Ende 1932 an seinen Freund, den Schriftsteller Walter Hasenclever. »Dann hat man als anständiger Mensch abzutreten.«

Das ist etwas anderes als der freie Tod, würde man meinen, das ist die Verzweiflung angesichts der politischen Verhältnisse, wie sie auch andere in den Tod trieb: Egon Friedell, der 1938 aus Angst vor den Männern der SA aus dem Fenster sprang, Walter Benjamin, der sich 1940 auf der Flucht umbrachte wie auch Walter Hasenclever, Stefan Zweig 1942 im Exil in Brasilien. »Ein krankes Tier verkriecht sich auch«, schrieb Tucholsky, der müde war vom Mutigsein und der sich im Dezember 1935 umbrachte, mit genügend Schlafmittel und viel Alkohol, als die Menge auf der Straße schon grölte.

Oder ist das nicht doch ein Moment der Freiheit, sich dem zu entziehen, was einem droht, eine Waffe, die man einer Wirklichkeit entgegensetzt, die man nicht erdulden will? Denn »die Willensanstrengung zu leugnen, die der Freitod uns abfordert, wäre lächerlich«,

schreibt Jean Améry, der in Auschwitz war, wie Primo
Levi, und der sich wie er Jahre danach umbrachte.
»Der Freitod ist ja viel mehr als der pure Akt der
Selbstabschaffung. Es ist ein langer Prozeß des Sich-
Hinneigens, der Annäherung an die Erde, ein Auf-
summieren vieler Ziffern von Demütigungen, welche
von der Dignität und Humanität des Suizidärs nicht
angenommen werden, er ist – und da verwende ich
einmal mehr ein leider unübersetzbares französisches
Wort – un cheminement, eine Art von Fortschreiten
auf einem Wege, der geebnet ist, wer weiß, vom An-
beginn her.«

Wie entscheidet sich also, ob jemand lebt oder stirbt?
In wie vielen Augenblicken? Wie lange geht es? Und
wann geht es nicht mehr? Jean Améry veröffentlichte
sein Buch »Hand an sich legen. Diskurs über den Freitod« im Jahr 1976, es war ein Buch, das ganz aus seinem Nachdenken über den Holocaust entstand und
dennoch frei davon war, ein Akt der Emanzipation.
Das biologistische Denken ist fast immer der Feind
einer Freiheit, die auf dem Willen des Menschen aufgebaut ist, auf dem also, was ihn nach seinem Willen
ausmachen soll.

Man nennt das Kultur, es ist das Bild, das der Mensch
von sich selbst zeichnet. Wenn heute durch Neurologie
oder Evolutionsbiologie das Bild des Menschen diffe-
renzierter und komplizierter wird, wenn der freie Wille
relativiert und in einen gattungsgeschichtlichen Kontext gestellt wird, dann ist das erst einmal eine Frage

danach, was das für das Denken über den Menschen bedeutet, und noch keine Antwort.

Das Ringen des Menschen, sich von den Zwängen der Biologie zu befreien, die Zivilisation also, war schließlich immer befeuert vom Glauben daran, jenseits der Biologie ein besseres Leben zu finden. Die Herrschaft über den Tod, moralisch gesehen, öffnete dabei die Möglichkeit für eine Herrschaft auch über das Leben. So wurde die Biologie doppelt benutzt, als Gegner und als Argument in einem Kampf um die Deutung über das Leben.

Die Biologie stand dabei gegen die Freiheit, der Zwang des Lebens gegen die Entscheidung des Menschen: In der Diskussion über die Abtreibung wurde das besonders deutlich, das erklärt auch die Heftigkeit der Auseinandersetzungen. Eine moralisch überhöhte Vorstellung von Leben wurde gegen eine pragmatische Version von Freiheit gestellt, die Gesellschaft in Form von Kirche und Staaten griff ein in die Rechte des Individuums, sein Leben und sehr viel direkter seinen Körper so zu behandeln, wie es beliebt.

Hier stellte sich Leben direkt gegen Tod, die Abtreibung wurde als Mord verstanden und benutzt, um die Macht über das Leben auszuweiten: Wer über den Tod bestimmt, und das gilt eben auch für den Freitod, der dehnt unausweichlich seine Herrschaft aus in Bereiche, die ihn nichts angehen. Der Staat gerät an diesem Punkt in direkten Widerspruch zu denen, die ihn ausmachen, den einzelnen Bürgern.

Es sind Refugien des Schmerzes, die sich in den Fragen von Leben und Tod formieren und die uneinsehbar bleiben für andere, es sind die Schatten der Seele, in die niemand drängen sollte, der eigene Interessen vertritt. In den neunzehnhundertsiebziger Jahren wurde die Position der emphatischen Ich-Verteidigung noch politisch offensiv vertreten, verbunden mit einer generellen Freiheits- und Emanzipationseuphorie – in den Angst- und Abwehrdiskussionen unserer Tage dagegen fehlt diese Emphase. Aus dem demokratischen Nachdenken über die Rechte des Einzelnen ist ein technokratischer Prozess geworden, der Notwendigkeiten postuliert und Alternativen vernichtet.

Was Jean Améry seiner Dunkelheit abrang, sind helle Worte, die immer noch gelten. »Irre ich mich nicht«, schrieb er, »dann ist die Todesneigung eine Erfahrung, die jedermann in sich machen könnte, sofern er nur entschlossen wäre, zu suchen ohn' Unterlaß. Sie ist in jeder Art von Resignation enthalten, in jeder Faulheit, jedem Sich-gehen-Lassen – denn wer sich gehen läßt, neigt sich bereits freiwillig dorthin, wo letzten Endes sein Platz ist. Dann wäre also der Freitod, entgegen all dem, was ich dreist behauptete, nicht *frei*? Wäre nur ein Neigen zur eingeborenen Neigung hin? Wäre nichts als die Aufsichnahme der ultimen Unfreiheit, die das Nichtsein ist, und in deren Fesseln wir uns schlagen lassen? Nicht doch. Die Neigung, sage ich, ist da: aber der Lebenstrieb ist auch da, und wer den Freitod wählt, erkürt etwas, das dem Lebenstrieb gegenüber das Schwächere ist. Es sagt gleichsam: Dem Starken Trutz! – indem er gegen den Lebenstrieb der Todesneigung nachgibt.«

Menschen sind uneinsehbar, auch für sich selbst. Es ist die Geschichte, die sich fügt, am Ende. Verstehen wird man sie nie.

»Wer die Schönheit angeschaut mit Augen / ist dem Tode schon anheimgegeben«, schrieb der Dichter August von Platen – Fritz J. Raddatz zitierte den Satz in seinem Tagebuch: Er wusste, wie beides zusammenhängt, die Schönheit und der Tod, die Freiheit und das Sterben. Er wollte nicht sterben, aber wenn er schon sterben musste, dann so, wie er es wollte. Der Tod also als ästhetische Erfahrung, als Erfahrung des Lebens, als Teil dessen, was die Schönheit der Welt ausmacht.

Und die Schönheit wiederum als Grund, als Begründung zumindest des Todes, des selbstgewählten Todes – das war in anderen Jahrhunderten ein Motiv für den Suizid, gerade für den ästhetisch inszenierten Suizid, für den Freitod, der damit eine fast künstlerische Geste bekam.

Raddatz war ein »schöner, verletzlicher Mann, der Angst davor hatte, schwach zu sein, alt und hässlich«, so hatte ich in dem Nachruf geschrieben, der im »Spiegel« erschienen war. Er wollte nicht mehr so sein, wie er war, er wollte sich nicht mehr ertragen im Altern, ihm graute davor, abhängig zu sein von anderen – und das ist ja erst einmal etwas, das man respektieren muss, selbst wenn man daran glaubt, dass noch jedem zu helfen ist. Aber Hilfe an sich ist etwas, das anzunehmen nicht jedem gegeben ist, es ist nicht die einzig mögliche Antwort darauf, was passiert, wenn wir alt werden oder wenn wir durch Krankheit oder Behinderung in einem Zustand sind, den wir verzweifelt beenden wollen.

Das sind die Debatten, die längst geführt werden, es sind die Argumente, die mit immer größerer Unerbittlichkeit hin- und herfliegen. Die Angst, die sich in dieser Härte spiegelt, hat damit zu tun, dass das Leben selbst zur Verfügungsmasse geworden ist, künstlich herstellbar in den Laboren dieser Welt, getestet in der Petrischale und selektiert danach, was lebenswert ist und was nicht. Es sind Diskussionen, die mit Worten geführt werden, die diese Angst noch verstärken, das ist die Absicht derer, die sie benutzen.

Aber stimmt das so? Mit der Präimplantationsdiagnostik können Behinderungen noch im Mutterleib erkannt werden, dies kann dazu führen, dass Eltern ihr Kind nicht mehr wollen. Ist das ein Schritt zu einer Gesellschaft, die Selektion sanktioniert und in der Gesundheit das Maß ist, das, so die Vermutung, gefährliche Maß, nach dem das Leben beurteilt wird? Ist es auch nur ein weiterer Baustein einer Ideologie der Gesundheit und der Verbote, die dem Ich seine heile Hülle geben und dem Einzelnen den Weg weisen, durch

Erleuchtung oder Regeln, von Yoga und Fitness und Rauchverbot? Führt dies nicht mehr oder weniger direkt zu einem Denken, das die Biologie, das medizinisch Machbare, absolut setzt?

Ist dieses Denken eines, das den Platz, den Gott geräumt hat, durch den Menschen selbst ersetzt, der sich damit zum Herrn macht? Die Schöpfung gibt es nicht als Gedankenkonzept, wenn der Mensch diesen Platz innehat, wenn das metaphysische Gebäude leer steht, in dem sich früher das Christentum eingerichtet hatte. Oder ist es der Mangel an Gott, der hier beklagt wird? Dann kann man mit den gleichen Argumenten, die gegen die Präimplantationsdiagnostik vorgebracht werden, auch gegen die Abtreibung anreden, was ja auch geschieht – und zeigt, wie nah sich vorgeblich humanistische und reaktionäre Argumente tatsächlich oft sind.

All diese ethischen Fragen stellen sich drängender und stellen sich neu angesichts der Möglichkeiten der Medizin und der Erkenntnisse der Biologie – von der Geburt bis zum Tod, von PID (Präimplantationsdiagnostik) bis zum selbstbestimmten Sterben. In der Schweiz ist der assistierte Suizid erlaubt, in Belgien und Holland auch, in Deutschland nicht, in England und den USA wird darüber gestritten: Es ist eine rechtliche Grauzone, die nun per Gesetz geregelt werden soll, Zeichen einer Welt und eines Menschenbildes im Wandel.

Es geht um ein Gesetz, das eine der Grundfragen des Lebens regelt. Ein Gesetz, das das Leben absolut setzt und höher als die Freiheit des Einzelnen, dem die Entscheidung nicht gegeben sein soll, zu tun oder zu lassen, was er oder sie will. Denn die Freiheit, so die Argumentation, erhält ja ihre Berechtigung erst aus der Tatsache des Lebens. Das Leben, könnte man umgekehrt sagen, ist nichts ohne diese Freiheit, die erste wie die letzte Freiheit, durch die sich die Existenz erst als individuell gestaltbares Leben konstituiert.

Nur weil die Freiheit nichts ist ohne das Leben, heißt also nicht, dass das pure, rohe Leben vor der Freiheit kommt und eher schützenswert ist: Das wäre ja wieder ein Vorrang der Biologie über das, was den Menschen ausmacht, die Gestaltungskraft, die Deutungskraft, die Kultur also – und das Gegenteil der Kritik an dem biologistischen Zeitalter, wie sie sich in der Ablehnung etwa der PID zeigt.

Man sieht, es dreht sich etwas im Kreis, aber der Kern des Ganzen bleibt die Freiheit, die Individualität jedes Menschen, die immer in Gefahr ist, durch eingriffige oder übergriffige Politik oder Moral gemaßregelt zu werden.

Das Denken muss sich dabei in gewisser Weise neu sortieren – und in gewisser Weise auch nicht. Da ist die Macht des medizinisch Machbaren, da sind die Konsequenzen dieser Macht, die Fragen nach dem Zeitpunkt des Todes, die ethischen Probleme des Hirntods, die Herausforderungen der Gerätemedizin, die Abhängigkeiten, die dadurch entstehen, die Bilder von Schläuchen und Röhren in den Köpfen der Angehörigen, die das, was wir über den Tod denken, beeinflussen werden, weil sie sich zu einem Gebilde der Angst formen, bestehend aus den Gerüchen der Intensivstation und den langen, leeren Gängen, die dorthin führen, das Piepsen, das Leuchten der Automaten, die Zahlen, auf die man starrt, Kurven, die man verfolgt, Puls, Herz, der Atem, der durch all das dringt, was die Maschine aus dem Menschen gemacht hat.

Die Fragen allerdings, die sich ganz fundamental stellen und die sich durch das Drohszenario des industriellen Sterbens nicht verändert haben, diese Fragen sind immer noch die, die ganz nah an dem sind, was das Leben ausmacht: Können wir selbst entscheiden? Bis zu welchem Punkt können wir selbst entscheiden? Was passiert, wenn dieser Punkt verpasst wurde? Wer entscheidet dann? Gibt es überhaupt jemanden, der entscheiden sollte, außer einem selbst? Aber wenn das nicht mehr geht? Wer mischt sich dann ein? Oder früher, wer mischt sich von Anfang an ein, indem er das Bild einer Bedrohung schafft und dadurch eine Notwendigkeit entsteht, dass jemand eingreifen muss, ein Gesetz erlassen muss, eine ethische Haltung formulieren muss, die über das Recht des Einzelnen hinausgeht, weil es den Wunsch nach dem guten Sterben anders definiert, als gesellschaftliche Frage und nicht als persönliche Entscheidung?

Es gibt also die Logik des Möglichen, das dann meistens auch gemacht wird; und es gibt die Angst vor dieser Logik, die nachvollziehbar ist. Die Reaktionen darauf können aber ganz unterschiedlich sein. Man kann auf die Zwänge der Gerätemedizin antworten, indem man dem Einzelnen jedes nur mögliche Recht einräumt, selbst zu entscheiden, wie er mit Krankheit und Tod umgehen soll. Oder man kann das Recht des Einzelnen einschränken, weil, und das ist erst einmal eine Hypothese, sonst ein gesellschaftlicher Druck entstehen und der Einzelne seinen Tod nicht mehr selbst bestimmen könnte, weil die Gesellschaft sich sein Leben einfach nicht mehr leisten kann oder leisten will. Mit anderen Worten: Werden die Alten zukünftig ihr Leben gegen den Tod verteidigen müssen?

Das ist ein mögliches Szenario, aber nicht das einzig mögliche. Es ist ein Angstszenario, das die Argumente einer hypothetischen Zukunft auf die Gegenwart anwendet – denn der Versuch, die assistierte Sterbehilfe zu verbieten, wird unter anderem genau mit diesem Gedanken gestützt. Oder, anders gesagt, um vor einem diffusen Zeithorizont die Rechte kommender Generationen zu schützen, werden massive Eingriffe in die Entscheidungsfreiheit der jetzt Lebenden hingenommen oder sogar noch befördert.

So oder so, die Geräte, die einen beschützen sollen, könnten zu einer Bedrohung werden. In der alternden Gesellschaft, so geht die Argumentation, können wir es uns nicht leisten, dass alle so lange leben, wie es medizinisch möglich ist. Deshalb, so die Angst, wird der Druck steigen auf die, die alt sind und gebrechlich, der Gesellschaft nicht unnötig lange zur Last zu fallen. Der letzte Monat im Leben eines Menschen auf der Intensivstation kostet so viel wie vier Jahre College-Ausbildung. Alt gegen Jung, das ist das Szenario des Schreckens. Generationenkriege. Es ist eine Rhetorik der Eskalation – und die Frage bleibt, ob es die richtige Konsequenz ist, die Freiheit des Einzelnen einzuschränken, um die Freiheit des Einzelnen zu schützen?

Verbieten oder Erlauben, Eingreifen oder Zulassen, Besserwissen oder Demut, Gesetze oder Zweifel, Hilfe oder die Erlösung, die es für viele bedeuten kann, auch wenn es grausam ist, aber oft ist eben auch das Leben grausam – das sind die Widersprüche, die in Zukunft die Diskussion darum bestimmen werden, wie die Gesellschaft mit dem Wunsch des Einzelnen umgeht, so selbstbestimmt zu sterben, wie er oder sie gelebt hat. Es gibt einen Druck der Gesundheit, so sehen es viele, und eine Ideologie des gelungenen Lebens, und wer davon abweicht, wer unglücklich ist, so ist die Angst, der stört.

Deshalb, so geht die Argumentation weiter, sollte man dieser Wellness-Lehre etwas entgegensetzen, das ethisch auf etwas anderes gründet als dem guten Leben – selbst um den Preis der Krankheit und des Leidens. Aber die Biologie, deren Herrschaft über das Leben man gerade verhindern will, kommt damit über die Hintertür wieder in die Diskussion, und zwar dieses Mal auf der Seite derer, die die Freiheit des Einzelnen einschränken wollen – es ist der Gedanke der

Ausweglosigkeit, die Biologie siegt über den Menschen und damit über die Kultur als Veränderbarkeit des Lebens: in Gestalt des Schicksals.

Auch Max hatte von dieser Angst gesprochen, von der Unabänderlichkeit, vom Weg, der sich hinzieht und so berechenbar ist, der in der Ferne endet, warum also sollte er nicht auch in der Nähe enden? Die Dauer erscheint als Bedrohung, nicht die Abkürzung.

Die Schritte dagegen auf dieser Wanderung, erst einer, dann noch einer, dann noch einer, waren anders. Sie waren in ihrer monotonen Art eine Antwort auf die Monotonie, die das Leben für den sein kann, der sich selbst darin verliert. Sie waren Beharrung und Behauptung, ein Moment, sich in einem anderen Raum und anderen Rhythmus zu finden.

Von der Schicksalsmacht, jedenfalls der metaphysischen, hatte sich der Mensch befreit, so seine Hoffnung, spätestens mit der Aufklärung. Das Schicksal war die Sklaverei, der Freitod war die Freiheit davon. »Es hat mich überzeugt«, schrieb Giacomo Casanova in seinem Text »Kurze Betrachtung eines Philosophen, der in die Lage kommt, an Selbstmord zu denken«, »dass der freie Wille, mich zu töten, ein Vorrecht ist, das Gott mir verliehen hat, um mich zu lehren, dass ich allen Tieren überlegen bin, die er auf Erden geschaffen hat. Denn es gibt kein Tier, das sich selbst tötet, oder an Selbstmord denkt, mit Ausnahme des Skorpions, der sich aber nur vergiftet, wenn er vom Feuer eingeschlossen ist und weiß, dass seine Rettung nur mit Brandwunden zu erkaufen ist. Dieses Tier tötet sich, weil es das Feuer mehr fürchtet als den Tod. Endlich sagt mir die Vernunft, dass ich mich nach dem göttlichen Orakelspruch töten muss, der lautet: Qui non potest vivere bene non vivat male. Diese acht Worte haben eine solche Kraft, dass ein Mensch, dem das Leben zur Last ist, unmöglich aufschieben kann, sich selbst zu töten, sobald er sie vernommen hat. Amen.«

Man kann das, was Giacomo Casanova für sich und seine Zeit formuliert hat, auch anders formulieren: Niemand sollte schlecht sterben, der gut gelebt hat. Das gute Leben als Ideal sollte auch für das Sterben gelten. Das gute Leben wiederum ist nichts, was man vorschreiben kann als Gesellschaft, man kann nicht mal dabei helfen, man kann nur die Rahmenbedingungen schaffen, dass es sich ereignen kann.

Warum also sollte das beim Sterben anders sein? Warum sollte es die Aufgabe der Gesellschaft sein, hier einzugreifen? Der Einfluss der Kirche wurde erfolgreich zurückgedrängt, wenn es um diese persönlichsten Fragen geht. Wenn nun aber die Politik sich in die Position bringt, über moralische Fragen zu urteilen, nimmt sie diesen Raum ein, der eigentlich frei geworden ist, weil er frei sein sollte in einer aufgeklärten, freien Gesellschaft. Der Mensch allein ist für sein Leben verantwortlich. Der Mensch allein ist für sein Sterben verantwortlich.

Der Freitod, so fasst es Jean Améry zusammen, ist »mehr als nur Affirmation von Dignität und Humanität, gerichtet gegen das blinde Walten der Natur. Er ist *Libertät* als deren äußerste und letzte uns erreichbare Gestalt. ›L'histoire d'une vie, quelle qu'elle soit, est l'histoire d'un échec‹, heißt es bei Sartre. Dieser échec ist für ihn das steinerne Sein, zu dem jedes Existieren wird: Die Jagd nach der Freiheit des ex-sistere, das sich dem Sein entringen will und von diesem immer wieder eingeholt wird, findet ihr Ende im Tod.«

Die Geschichte jedes Lebens ist, so oder so, die Geschichte eines Scheiterns. Améry spricht, wie Sartre, vom »Ekel«, wenn er über das Leben spricht. Er schafft es, wie Sartre, aus dieser negativen Haltung der Welt gegenüber die Grundlage zu entwickeln für eine positive, selbstbestimmte Philosophie. Das wurde in seiner Zeit nicht so gesehen, und das wird auch heute nicht so gesehen. Es ist schwer für den Menschen, sein eigenes Verschwinden zu akzeptieren. Dabei ist es das Einzige, dessen er sicher sein kann. Es ist das, auf was er sich verlassen kann. Es ist die Grundlage von allem. Wie sollte die Reaktion darauf dann nicht Ekel sein oder Verzweiflung?

Es ist ein alter Konflikt, den jede Zeit neu auszutragen hat. Stets, sagt Améry, hat doch »die Logik als Logik des Lebens kapitulieren müssen«.

Im Freitod sah er seine »im doppelten Wortsinn *letzte* Freiheit«.

DER
TODESWUNSCH

Der Ennui des Fritz J. Raddatz stammte aus einem anderen Jahrhundert; die Antwort darauf war ganz von heute.

Er wollte sich umbringen, weil er genug hatte – er, der immer so unersättlich durchs Leben raste –, Bücher, Schriftsteller, Menschen, Künstler, Kunstwerke, Lieben, Freunde, Feinde, Sex, das Schöne, das Absolute, das Schmutzige und das Vorläufige, alles nahm er auf, nahm er mit, der Hunger trieb ihn durchs Leben, voran, weil er den Verletzungen seiner Kindheit und Jugend entfliehen wollte. Steckte dort schon ein Todeswunsch? Und was würde es bedeuten, wenn der Todeswunsch immer schon da war? Würde das dann sein Ende erträglicher machen für die, die es nicht erträglich finden, wenn ein Mensch sich einfach entscheidet zu sterben? Und was würde das dann bedeuten für andere, die sich entscheiden zu sterben? Macht es einen Unterschied, ob der Todeswunsch fünf Minuten alt ist oder 50 Jahre? Wer weiß das überhaupt? Wer will das beurteilen?

»Mir ist das alles zu anstrengend«, schrieb Raddatz schon lange vor seinem Freitod in sein Tagebuch, er war damals für ein paar Tage im Hotel Gartenauer in Anif bei Salzburg, aber trotz »schönen Hotels, herrlichem Essen, Wunderwerken des Barock«: »Es legt sich nur ein Müdigkeits-, und das heißt auch: Wahrnehmungs-Schleier über die Seele, macht sie blind wie unter einer Hornhaut mit grauem Star. Leben nur als Leben – ist nicht mein Leben.«

Der ästhetische Zugang zum Leben ist auch ein ästhetischer Zugang zum Tod. Es beeindruckte ihn, wie Helmut Newton starb, »ob Selbstmord oder wirklich Unfall (der sehr unwahrscheinlich wirkt: aus einer Hotelgarage an eine Mauer, auch in langsamstem Tempo), stilvoll ist der Tod des Nackedei-Fotografen Newton allemal«, schrieb er.

Und es beeindruckte ihn auch, wie Gunter Sachs starb, »dem man vielleicht mit dem ewigen ›Playboy‹-Gekreische Unrecht getan hat. Sein Abschiedsbrief (an wen eigentlich? An seine Frau jedenfalls nicht, denn der dankt er wie von ferne), bereits in leicht verheddertem Deutsch geschrieben, in seiner Rigorosität schrecklich-schroff-wegwerfend (das Leben, das er nicht ins Würdelose zerrinnen lassen wollte). Chapeau.«

Es ist eine Art von Daseinsstolz und Disziplin, die aus diesen Worten spricht, die für heutige Verhältnisse oft schwer zu verstehen scheint, fremd wirkt, eben wie aus einer anderen Zeit, als Männer sich entschieden zu gehen, wie und wann sie wollten, aus Stolz, aus

Krankheit, sich im Tod noch einmal heroisch verklä-
rend.

Das wurde auch deutlich in den Nachrufen, die eigentlich der Ort wären, solche Fragen zu verhandeln,
von Raddatz, Gunter Sachs oder auch Udo Reiter, der
Fernsehmann, der sich erschoss, weil er nicht mehr
länger so leben wollte, im Rollstuhl und abhängig von
anderen – das Leben wurde jeweils ausführlich gewür-
digt, der Tod hingegen wenig reflektiert, obwohl das
eine so viel mit dem anderen zu tun hatte.

Aber es scheint schwer, gedanklich diesen Freiheitsmoment zu finden, es scheint aus einer anderen Epoche zu sein, dieses Denken, das Giacomo Leopardi, der
das Leben im Verschwinden beschrieb und die Zeit
im Vergehen, so zusammenfasste: »Wenn dann Unzäh-
lige sich freiwillig töten ec., zeigt sich etwa nicht deutlich, wie sterbensmatt die Menschen schon sind und
wie sehr an dieser Existenz verzweifelt? Wer in der An-
tike sich tötete, der handelte heroisch, der ließ sich von
Illusionen blenden oder hinreißen von sinnlicher Leidenschaft ec., aber sein Tod hatte den Glanz von Le-
genden ec. Heute haben Heroismus und alle Illusionen
sich verflüchtigt, die Auszehrung der Sinnlichkeit ist
beispiellos. Dabei hat die Zahl der Selbstmorde in allerdings beispielloser Weise zugenommen, man frage
einmal, was das besagt!«

Verzweiflung also und Illusion, das sind die inter-
essanten Worte in diesem Text, nicht Leidenschaft und
Heroismus: Denn wenn etwas tatsächlich verschwun-

den zu sein scheint in der heutigen Welt, dann ist es eine Poetik der Verzweiflung, die Erzählung davon, wie sich die Welt als großer Schatten über einen legt, immer schon, weil sie mächtig und furchteinflößend ist – aber wenn die Natur zum Beispiel etwas ist, was vom Menschen zerstört wird, und die Welt damit ebenso, wenn der Kosmos nicht mehr bedrohlich ist, sondern im Gegenteil geschützt werden muss vor dem Menschen, dann fehlt genau dieser narrative Ansatz, sich aus der Sinnlosigkeit der Existenz eine Geschichte, ein Bild, einen Gedanken abzuringen: Es ist eine Verarmung, denn der Mensch kleidete sich eine Weile ganz gut in diese Verzweiflung, die ja nicht deswegen verschwunden ist, nur weil es das Gefäß für die ästhetische Verarbeitung des Leidens und der schieren Daseinsangst nicht mehr gibt. Diese Angst ist immer noch da, und weil auch die Illusionen lange schon verloren sind, ist der Mensch dieser Angst ausgesetzt, allein und ohne einen kulturellen Modus, damit umzugehen.

In dieses Vakuum nun stoßen in der therapeutischen Gesellschaft, die für alles und jedes eine Lösung hat und wo jede Lösung wie eine oft absurde Antwort auf die existentielle Unzulänglichkeit des Lebens erscheint, andere Kräfte, Institutionen, Menschen – die zahlreichen Hilfsangebote sind ein Teil davon, die medizinische Superbetreuung ist ein anderer, die im Ratgeberton gehaltene Erzählung vom gelungenen Leben gehört ebenso dazu wie die Versuche, das Elend zu regeln und zu reglementieren, das Leiden zu ordnen und zu karthographieren, dem im größeren Kontext Sinnlosen im Kleinen etwas Sinn aufzupfropfen.

Es ist eine Glasur, die über die rohen Stellen der Existenz gepinselt wird, eine Sanftheit im Humanen, die auch dazu führen kann, dass man den Kontakt zu dem verliert, was an Kontinuität menschlicher Empfindungen präsent bleibt, das Harte, das Existentielle, das Traurige wie das Schöne, Helle, Strahlende.

Der Mensch ändert sich ja nicht, es gibt nur immer wieder neue Ansichten über ihn. Das hat wiederum in gewissem Sinn Rückwirkungen auf ihn, auf sein Selbstbild, das ihn in seinem Verhalten ein wenig verändert. Aber die Konstanten bleiben gleich: »Man lebt, man stirbt«, so lautet ein kurzer Text der Zeitschrift »La Révolution Surréaliste«, es war der Beginn einer Umfrage unter französischen Intellektuellen. »Welche Rolle spielt der persönliche Wille dabei? Ist Selbstmord mit dem Traum vergleichbar? Ist er genauso ›unbewusst‹? Die Frage, die wir stellen, ist keine moralische: Ist Selbstmord eine Lösung?«

Dass der Surrealismus eine Freiheitsbewegung war, gesellschaftlich, politisch, moralisch, ästhetisch, das wird in diesem Zusammenhang deutlich; und auch, dass es eine Kontinuität dieses ästhetischen Freiheitsgedankens gibt, denn über die Zeiten hinweg wird mit ähnlichen Motiven der Freitod befürwortet.

»Man tötet sich, so sagt man, aus Liebe, Angst oder wegen Syphilis«, schrieb etwa René Crevel 1924 als Antwort auf die Frage der »Révolution Surréaliste«: »Das ist nicht wahr. Jedermann liebt oder glaubt zu lieben, jeder hat Angst und ist mehr oder weniger syphilitisch. Der Selbstmord ist ein Mittel zur Selektion. Es töten sich diejenigen, die noch nicht von dieser quasi-universellen Feigheit ergriffen sind, gegen eine Empfindung des Herzens anzukämpfen, die so stark ist, dass man sie, zumindest bis jetzt noch, für eine wahre Empfindung halten muss. Nur diese Empfindung gestattet es, die höchstwahrscheinlich gerechteste und endgültigste aller Lösungen für sich zu akzeptieren: den Selbstmord. Wahrscheinlich kann keine Liebe und kein Hass je gerecht noch endgültig sein. Aber die Hochachtung, die ich, ungeachtet meiner in moralisch-religiöser Hinsicht despotischen Erziehung, für jeden hegen muss, der weder Angst hat noch seinen Drang, seinen Todesdrang unterdrückt hat, diese Hochachtung lässt mich diejenigen immer mehr beneiden, deren unerträgliche Angst sie den täglichen Kleinkram nicht länger hinnehmen ließ.«

Crevel war ein zerrissener Mensch, seine Kindheit traumatisch, als er 14 Jahre alt war, erhängte sich sein Vater, als er 26 Jahre alt war, wurde bei ihm Tuberkulose gefunden. In seinen Romanen schrieb Crevel wütend gegen eine bürgerliche Welt an, die er verachtete. Er verbrachte viel Zeit in Sanatorien, er war mit Klaus Mann befreundet, er schilderte in seinem Roman »Detours« genau die Art von Freitod, die er mit 35 Jahren selbst wählen würde: Er drehte den Gashahn auf. »Alles ekelt mich an«, schrieb er in seinem Abschiedsbrief.

»Wenn ich das Leben einfach so hinnehme«, das war seine Antwort auf die Frage, ob der Selbstmord eine Lösung ist, »so ist das ein schreckliches Argument gegen mich selbst.«

Ein paar Tage nachdem im »Spiegel« der Text über den Freitod von Fritz J. Raddatz erschienen war, bekam ich eine Mail aus der Schweiz, die sehr freundlich im Ton war und doch etwas befremdlich. Sie stammte von einem Mann, der für die Sterbehilfeorganisation arbeitete, mit der Raddatz seinen Freitod arrangiert und an die sich auch meine Mutter gewandt hatte, als sie darüber nachdachte, wie sie sterben wollte und warum das in Deutschland nicht auf die Art und Weise möglich war, wie sie es wollte.

»Meiner Mutter war es zu hässlich. Sie fuhr hin, in die Schweiz, und schaute sich das Zimmer an, in dem sie sterben sollte, und entschied sich dagegen.«

So begann der Text im »Spiegel«, und ich hätte schwören können, dass es so war. Es war das, was ich mir gemerkt hatte, es waren genau diese Sätze, wie ich ihre Entscheidung in Erinnerung hatte, nach all dem, was meine Mutter mir gesagt hatte, über ihren Wunsch, so zu sterben, wie sie wollte, nach all dem, was sie mir erzählte, über ihr Leben mit dem Krebs, nach all dem, was ich mir gemerkt hatte, wie ich diese Geschichte konstruiert hatte, um sie für mich mit Sinn zu füllen.

Es war aber offenbar nicht die Geschichte, wie sie sich zugetragen hatte. »Ich habe begründete Zweifel, dass diese Aussage der objektiven Wahrheit entspricht«, schrieb mir der Mann und erklärte dann, was mich seltsam berührte, dass am 5. Juni 2005 die Beitrittserklärung meiner Mutter eingegangen sei. »Am 9. Juni 2005 wurde Frau Diez die Aufnahme als Mitglied bestätigt. Am 17. Juni 2005 ging ihre Zahlung von 108 Euro auf meinem Postkonto in München zu Gunsten des Vereins ein« – schon das waren zu viele Details, zu viele Daten und Zahlen und Informationen, die ich nicht wissen wollte und die mich in ihrer Genauigkeit traurig machten: Warum *sein* Konto, warum in München, wo die Sterbehilfeorganisation ihren Sitz doch in Zürich hatte, warum in München, wo meine Mutter wohnte?

Es waren kleine Geschichten, die da in meinem Kopf begannen, ich sah meine Mutter, wie sie durch die Hans-Sachs-Straße ging, vor zur Müllerstraße, wo die Straßenbahn entlangfährt, die man in München die Tram nennt, blau ist sie und sie bimmelt. Ich war auf einmal wieder gleichzeitig 14 und 27 und 41 Jahre alt, in den wenigen Sekunden, in denen ich diese Sätze las, meine Mutter war gleichzeitig 48 und 61 und tot, sie ging vor zur Stadtsparkasse, die paar Meter aus ihrer Wohnung, um das Geld einzuzahlen für ihren Tod, und auf dem Rückweg ging sie noch bei dem Café vorbei, das sie so mochte, und kaufte etwas Schokolade und ein Stück Kuchen für den Nachmittag.

»In den mir vorliegenden elektronischen Aufzeich-
nungen findet sich keinerlei Hinweis darauf«, schrieb der
Mann, dass meine Mutter »den Wunsch geäußert hat, es
möge für sie eine Freitod-Begleitung organisiert werden« – es sei überhaupt keine Korrespondenz verzeich-
net, und »eine solche wäre zweifellos vorhanden, wenn
sie den Wunsch gehabt hätte, nach Zürich zu reisen, um
sich die Wohnung anzusehen«, in der damals die Frei-
tod-Begleitungen »durchgeführt« wurden. Abgesehen
davon werde »derartigen Wünschen nie entsprochen«.

Ich hatte mich also geirrt. Oder hatte ich mich nicht
geirrt? Hatte meine Mutter mir etwas Falsches gesagt?
Und was würde falsch in diesem Zusammenhang bedeuten? Hatte sie mir, hatte sie sich eine Geschichte
erzählen wollen, in der sie nach Zürich fährt und sich
das Zimmer anschaut und es nicht mag? Hat sie das
so gedacht, gesagt, habe ich es so gehört, so hören wollen? »Wir erzählen uns Geschichten, um zu leben«,
hat Joan Didion einmal geschrieben. Wir erzählen uns
auch Geschichten, um zu sterben.

Habe ich mir also eine Geschichte ausgedacht, die
zu mir passt und mein Bild dieser Mutter schützt, eine
Frau, die so willensstark wie ängstlich war und daran,
so will ich es sehen, nicht zerbrach? Oder hat sich meine Mutter eine Geschichte ausgedacht, die zu ihr pass-
te und ihr Bild beförderte, das einer Frau, die jederzeit entscheiden konnte, wer sie war und was sie tat,
und die doch anders war, am Ende, und nicht ging,
sondern blieb, bis zuletzt?

Oder hat sich der Mann von der Sterbehilfe eine Geschichte ausgedacht, die immer gleiche Geschichte, die für alle Menschen passt, die zu ihm kommen, eine Geschichte so hilfreich wie falsch, weil sie gar keine Geschichte ist, sondern eine Methode. Denn was heißt »objektiv« im Kontext des Todes? Es war ihr »zu hässlich«, da bin ich mir sicher, auf einer höheren und auf einer persönlichen, intimen Ebene war es ihr zu hässlich, diese Vorstellung, den eigenen Tod mit anderen Menschen zu teilen, die nicht die sind, die man am Ende dabeihaben will.

Aber diese andere, subjektive Hässlichkeit, von der ich sprach, das war etwas, das dem Mann aus Zürich, der ein paar Tage später bei mir im Büro in Berlin stand, fremd war. Er hatte Zahlen und Fakten und eine Mission. Er war in der Stadt, um mit Journalisten und anderen einflussreichen Menschen Gespräche zu führen. Es war, wenn man so will, Lobbyarbeit für den freien Tod. Er hatte einen Mitarbeiter dabei und seine, wenn ich es richtig verstanden habe, Lebensgefährtin. Er hatte ein rosa Hemd an und roch nach Tod.

Wir setzten uns in den Konferenzraum der Redaktion, und ich fragte, worum es gehe. Als Antwort darauf griff sein Mitarbeiter in eine Aktentasche und holte eine Mappe heraus, aus der er ein Blatt Papier zog. Darum gehe es, sagte der Mitarbeiter, der irgendwie wirkte wie ein Mensch, der früher mal ernste Probleme gehabt hat und der sich gefangen hat und einen Sinn gefunden hat, in diesem Kampf für den freien Tod, aber auch in dieser Grafik, die er mir hinhielt: Ein sehr großes rotes Rechteck war da zu sehen, ein sehr viel kleineres schwarzes und ein fast nicht zu erkennendes grünes.

»Das«, sagte der Mann im rosa Hemd und deutete auf das kleine grüne Rechteck, »das sind die freiwilligen Abschiede«, so nennen sie das, »bei denen wir als Organisation Deutschen im Jahr 2013 geholfen haben. 92 Menschen. Und das, im schwarzen Rechteck, sind die Suizide in Deutschland im Jahr 2013, 10 276 Menschen. Alle 52 Minuten ein Mensch. Das sind täglich fast 28 Menschen, die sich das Leben nehmen. Und das«, und er deutete auf das große rote Rechteck, »das ist ein echter gesellschaftlicher Notstand. Das ist die Zahl der gescheiterten Suizidversuche in Deutschland im Jahr 2013: Nach unseren Hochrechnungen sind das bis zu 493 724 Menschen. Alle 64 Sekunden ein Mensch. Die Gesamtkosten dafür sind 78 Milliarden Euro im Jahr oder 148 355 Euro in einer Minute.«

Ich war geschockt. Nicht unbedingt von den Zahlen, die erst mal viel zu abstrakt und auch nicht wirklich überprüfbar schienen, sondern eher von der Art, wie die beiden Männer auftraten, mit Sätzen, die sie hundertmal gesagt hatten, und mit dem einen oder anderen Goethe-Zitat. Das ist etwas, was mir an Menschen immer verdächtig ist. Warum Zitate? Warum geliehene Autorität, wenn es doch gerade darum geht, das eigene Denken und das eigene Handeln zu unterstützen?

Und außerdem, was wäre denn ihr Ziel, dachte ich, als ich auf das rote Rechteck starrte und ihnen weiter zuhörte, wollen sie, dass das kleine schwarze Rechteck mit den, wie sagt man, erfolgreichen Suiziden so groß wird wie das rote?

»Nein, nein«, sagte der Mann mit dem rosa Hemd und sprach dann darüber, dass es an der offenen Diskussion mangelt und dass das Sprechen über die Ängste, die mit dem Leben und dem Tod zusammenhängen, mit Krankheit und Leiden, selbst von solch einer Angst überwölbt sind, dass man an die eigentliche Angst aus Angst vor der Angst gar nicht herankommt: Und dieses Schweigen ist peinigend, dieses Schweigen erzeugt eine Einsamkeit, eine Hilflosigkeit, dieses Schweigen ist ein Komplize des Sterbens, dafür arbeiten sie, dass dieses Schweigen gebrochen wird, der Kreislauf der Angst.

Die meisten Selbstmordversuche, sagte er, geschehen nicht, weil die Menschen sich umbringen wollen; sie geschehen, weil niemand da ist, der mit ihnen redet, niemand, mit dem sie sich zu reden trauen, niemand, der ohne Vorurteil, Angst oder Panik mit ihnen umgeht.

In der Mappe, die er mir zum Abschied gab, eine grüne Klarsichtmappe, befanden sich außer dem Zettel mit dem riesigen roten Suizid-Quadrat noch eine Umfrage zum Thema Sterbehilfe, ein paar Broschüren über die »philosophischen Grundlagen« ihrer Arbeit, eine Rede über die Frage »Wie wollen wir sterben?« und ein

Heft, das ein Internet-Forum zum Thema Suizid beschreibt. Ganz am Ende dieses Heftes findet sich eine Statistik über die Art der Suizide, wie sie in Deutschland im Jahr 2011 vorkamen. Weit an der Spitze mit 4664 Fällen ist der Tod durch Erhängen, gefolgt vom »Sturz in die Tiefe« 917, »Arzneimittel« 898, dem Punkt »überfahren lassen« 752 und »Feuerwaffe« 444. Insgesamt waren es, laut dem Wiesbadener Bundesamt für Statistik, in Deutschland im Jahr 2011 10144 Menschen, die sich das Leben nahmen.

Die Zahl der Suizide ist dabei in den letzten Jahren eher rückläufig, 1980 waren es noch 18451 Menschen, die sich das Leben nahmen, 1990 waren es 13924 Menschen, 2000 11065 Menschen. Am wenigsten Menschen brachten sich im Jahr 2007 um, 9402, im Jahr 2008 waren es 9451. In 30 Jahren hat sich damit die Zahl der Suizide fast halbiert. Und das ist in mehrerlei Hinsicht interessant. Zum einen scheint es die These des französischen Soziologen Émile Durkheim zu relativieren, der davon ausging, dass es Zeitenbrüche gibt, Anomien nannte er das, in deren Umfeld sich besonders viele Suizide ereigneten, weil die Menschen, so die Annahme, aus den bekannten Zusammenhängen gerissen wurden, in Not gerieten, finanziell und innerlich, weil die Unsicherheit sie in den Tod trieb. Wenn es aber keinen Handlungsbedarf gibt, weil die Zahlen nicht explodieren, warum gibt es dann eine Initiative der Politik, die genau das regeln will, das Recht auf selbstbestimmtes Sterben?

Die Umfrage, die der Mann mit dem rosa Hemd mir in die Mappe gepackt hatte, hatte darauf keine direkte Antwort, sie lieferte aber ein ziemlich eindeutiges Bild: Danach sind in Deutschland 87 Prozent der Befragten dafür, dass jeder Mensch selbst über seinen Tod entscheiden können sollte, in Spanien 85 Prozent, in Italien 76 Prozent, in Griechenland nur 52 Prozent. Sterbehilfe würden in Spanien 78 Prozent in Betracht ziehen, in Deutschland 77 Prozent, in Schweden 70 Prozent, in Griechenland wiederum nur 56 Prozent. Dass es professionelle Hilfe geben sollte bei der Sterbehilfe, finden in Schweden 89 Prozent, in Deutschland 80 Prozent, in Griechenland, das wieder Schlusslicht ist, 76 Prozent. In Portugal waren nur 14 Prozent der Befragten dafür, dass jemand dafür bestraft werden sollte, wenn er einem Menschen beim Sterben hilft, in Schweden waren es mit 27 Prozent am meisten.

Die Grafiken, die das Umfrage-Institut Iso Public angefertigt hatte, waren mit roten und grünen Balken versehen. In der Grafik zu der Frage, ob die Menschen unter Druck gesetzt werden könnten, wenn es die Möglichkeit der Sterbehilfe gibt, waren dann rosa und hellgrüne Balken dabei, hier war die Unsicherheit größer, in Dänemark sagten 57 Prozent »praktisch nie«, in Österreich fanden das 33 Prozent und 29 Prozent meinten »selten«, in Griechenland dachten immerhin 10 Prozent, dass das »häufig« geschehen könnte, und 38 Prozent meinten, dass es »ab und zu« der Fall sein könnte.

Die für die aktuelle politische Diskussion wichtigste Frage war ans Ende gestellt: In Deutschland halten es demnach 76 Prozent der Befragten für falsch, dass die Parteien künftig »die berufliche Hilfstätigkeit im Bereich der Sterbehilfe« bestrafen wollen, und 79 Prozent wandten sich gegen die Stellungnahme der Bundesärztekammer, »dass Ärzten die Beihilfe zur willentlichen Beendigung des Lebens von Patienten, die unheilbar, schwer erkrankt, an schwerer Invalidität oder nicht beherrschbaren Schmerzen leiden, verboten werden soll«.

Und tatsächlich ist es ja schwer zu verstehen, wie sich ein Verband von Ärzten, der an das Ethos seiner Mitglieder glauben muss, weil das die Grundlage ihres Berufes ist und damit auch die Grundlage des Verbandes, nun mit solchem Misstrauen gegen diese Mitglieder selbst wendet und meint, sie bevormunden zu müssen, weil sonst eine Art Sterbe-Industrie drohe. Das Paradox dabei ist, dass das ökonomische Denken, das eigentlich kritisiert werden soll, angewendet wird auf eine Praxis, bei der noch gar nicht entschieden ist, dass ökonomische Kriterien eine solch große Rolle spielen.

Der Verdacht also, dass man mit dem Sterben anderer Menschen Geld verdienen kann, der nur ein Verdacht ist über zukünftiges Handeln, wird zu einem Argument in einer gegenwärtigen Diskussion. Innerhalb einer Welt, die komplett nach kapitalistischen Prinzipien funktioniert, wovon die Medizin-Industrie nicht ausgenommen ist, wird der Kapitalismus zu einem Argument gegen, je nach Sichtweise, humanes Handeln und in jedem Fall die Freiheit des Arztes und vor allem die Freiheit des Patienten, der unter einer Weltdeutung leiden muss, die er weder überprüfen noch anfechten kann.

Es ist ein wenig wie ein Roman von Kafka – der selbst einen kleinen, schönen Text schrieb über genau diese widersprüchliche Wahrnehmung als Weltzugang, über die Fallstricke einer Logik, die vor allem am Empirischen interessiert ist: »Eine der wichtigsten donquixotschen Taten, aufdringlicher als der Kampf mit der Windmühle, ist: der Selbstmord. Der tote Don Quixote will den toten Don Quixote töten; um zu töten, braucht er aber eine lebendige Stelle, diese sucht er nun mit seinem Schwerte, ebenso unaufhörlich wie vergeblich. Unter dieser Beschäftigung rollen die zwei Toten als unauflöslicher und förmlich springlebendiger Purzelbaum durch die Zeiten.«

Es ist, das merkt man auch hier, das Verständnis der tiefen Unverständlichkeit der Welt, das die Möglichkeit bereitet, den eigenen Tod als Geste der Freiheit zu sehen. Kafka und Cervantes erkannten, dass gerade aus der Tatsache, dass der Mensch in seiner Existenz so hilflos ist und damit letztlich unfrei, die Kraft erwächst, ihm diese Freiheit im Tod zu ermöglichen.

Die Literatur lebt von diesem scheinbaren Widerspruch. So schreibt Dostojewski: »In der Tat: was für ein Recht hat diese Natur gehabt, mich auf Grund ihrer sogenannten ewigen Gesetze in die Welt zu setzen? Ich bin mit einem Bewusstsein erschaffen und habe diese Natur erkannt: welches Recht hat sie gehabt, mich ohne meine Einwilligung, mit einem Bewusstsein begabt, zu schaffen? Mit einem Bewusstsein begabt, folglich leidend; aber ich will nicht leiden – denn warum sollte ich einwilligen, zu leiden?«

Seine Antwort darauf ist klar. »So verurteile ich in meiner unbestrittenen Eigenschaft als Kläger und Beklagter, Richter und Angeklagter, diese Natur, die mich so ungeniert und frech geschaffen hat, damit ich leide – zugleich mit mir zur Vernichtung«, schreibt er und fügt hinzu: »Da ich aber diese Natur nicht vernichten kann, so vernichte ich nur mich allein, einzig weil es mir zu langweilig ist, diese Tyrannei zu tragen, an der niemand schuldig ist.«

Wenn aber niemand schuldig ist, warum sollte es dann jemanden angehen? Mit welchem Recht, wenn es keine Schuld gibt, soll es ein Gesetz geben? Mit heutigen Worten gesagt: »Mein Ende gehört mir!« Ausrufezeichen. So steht es auf einer Broschüre, die die Webseite www.letzte-hilfe.de betreibt. Ein Mann ist darauf zu sehen, der die Augen geschlossen hat, um seinen Mund spielt ein leichtes Lächeln, er hat sehr viele kleine Falten im Gesicht und wirkt alles in allem wie jemand, der auf gute Weise gehen will.

Er ist Arzt, der Mann, Arzt und Sterbehelfer, und wirbt wie auch der Liedermacher Konstantin Wecker und die Schauspielerin Eva Mattes, wie der Schriftsteller Ralph Giordano und die Autorin Silvia Bovenschen und noch ein paar andere Prominente mehr für das

Recht auf einen selbstbestimmten Tod. »Wir halten das geplante Verbot der Sterbehilfe für einen Angriff auf die Menschenwürde und somit für eine Verletzung von Artikel 1 des Grundgesetzes«, steht dort und: »Ginge es den Mitstreitern von Bundesgesundheitsminister Gröhe tatsächlich darum, ein anrüchiges ›Geschäft mit dem Tod‹ zu unterbinden, dann würden sie kein Verbot der Freitodbegleitung erwägen. Sie würden stattdessen dafür sorgen, dass sie als ärztliche Aufgabe anerkannt und nach dem Regeltarif vergütet wird.«

Eine Selbstverständlichkeit eigentlich, Würde, Autonomie und Selbstbestimmung, es ist schwer zu sehen, warum jemand dagegen sein könnte – und trotzdem tobt gerade hier eine letzte Schlacht, bei der Ärzte, Krankenkassen, Krankenhäuser, Pfleger, Helfer, Hospize, Angehörige, die Medizin-Inindustrie, Richter, Politiker, Lobbyisten um das streiten, was sie am Ende nicht entscheiden können, weil der Patient, um den es geht, nur selbst weiß oder nicht weiß, was gut ist für ihn oder was er will, und selbst dieses Nicht-Wissen gehört ihm allein.

Und trotzdem: Als ich den Mitarbeiter der Sterbehilfeorganisation, der zur mir ins Büro gekommen war, fragte, wie er sich das Vorgehen der Bundesärztekammer erkläre, und er, fast ohne nachzudenken, sagte: »Geld und Macht« – da fand ich das auch etwas unheimlich, ja fast verrückt. Denn auf diese beiden Worte kann man so ziemlich alles reduzieren, selbst die Wahrheit.

Und als mir der Mann im rosa Hemd dann noch von dem letzten Treffen mit Raddatz erzählte, der sich für ein paar Tage vor seinem Tod im Hotel Baur au Lac in Zürich eingemietet hatte, um so Abschied zu nehmen, wie er es wollte, mit Stil und Schönheit um sich herum – da fand ich sie seltsam, diese Vorstellung, diese beiden Männer, beide Anfang 80, die so verschieden waren, in der Suche nach dem guten Tod vereint in einem Hotelzimmer in Zürich.

AM
NULLPUNKT
DER
ANGST

Es kam nicht plötzlich über Max. Es baute sich lange Jahre auf, und im Rückblick kann ich ziemlich genau sagen, dass wir uns von dem Zeitpunkt an voneinander entfernten, als es begann, weil ich nicht verstand, dass es etwas anderes war, das an ihm zog und zerrte, und er verstand es auch nicht – es war etwas Dunkles, für das er selbst noch keinen Namen hatte und ich kein Gefühl.

Er konnte es nicht benennen, diesen Schmerz, er konnte ihn nicht mal erkennen, er sah ihn erst, als er schon lange da war, als er Untermieter war in seinem Kopf, in seinem Alltag, in seinem Leben. Es war kein Schock, kein Aufwachen, kein Augenblick, der alles änderte. Er blieb der, der er war, und doch wieder nicht. Es war, als seien seine Gedanken ihm schon einmal vorausgelaufen und würden ihm nun von der Zukunft aus etwas zurufen. Er konnte nur schwach hören, was sie riefen, aber es klang nicht gut.

»Dreh um«, schienen sie zu rufen, »dreh um.«

Aber er wusste natürlich, dass man nie umdrehen kann. Die Zeit treibt einen voran, und es gibt keine Löcher, in denen man verschwinden oder sich wenigstens vor der Zeit verstecken kann. Es gibt nur den Tod, das tiefste Schwarz, das einzige Loch in dieser Welt.

Max hatte nie geplant, sich umzubringen. Aber er hatte den Tod gesucht, als ihm das Leben versagte.

Was ihm damals fehlte, das waren die Worte, und als wir so liefen, über Wege, in der Hitze, ohne Wasser und auch etwas verloren, da kamen sie heraus, die Worte, nicht überstürzt, nicht wie befreit, sondern schön langsam und eines nach dem anderen.

Wenn das Private zu Politik wird, passieren verschiedene Dinge. Es beginnt meistens mit der Sprache. Die Sätze verlieren ihren Charme, ihre Wärme, ihre Präzision, ihre Wahrheit und ihren Schmerz, sie werden zu Formularen, in die man seinen eigenen Namen eintragen soll, fremde, verbrauchte Worte für das eigene Empfinden, die eigene Angst, den eigenen Tod. Und auch die, die diese Sätze allzu oft sagen oder schreiben, weil sie es als ihre Aufgabe ansehen, der Welt davon zu erzählen, verändern sich. Aus Menschen, mit denen man möglicherweise früher mal lange Gespräche hätte führen können über das, was am Ende rätselhaft bleiben muss, werden Menschen, die andere bevormunden.

»Die Landesbischöfin von Hannover, Margot Käßmann«, schrieb der Schriftsteller Wolfgang Herrndorf in sein Tagebuch, »sieht eine große Gefahr darin, Patienten einen schnellen, effektiven Tod zur Verfügung zu stellen. ›Es verführt dazu, zu meinen, man könne mal eben über den Tod entscheiden.‹« Herrndorf hatte kurz zuvor seine Diagnose erfahren, Gehirntumor, Todesurteil. Sein Kommentar zu Käßmann: »Mitleiderregende Dummheit, für das Amt des Bundespräsidenten überqualifiziert.«

Worum es ihm ging, wie auch Raddatz: Herrndorf wollte Sicherheit, er wollte wissen, dass es klappt, er wollte diesen Ausweg haben, es sollte in seiner Hand liegen, ganz wörtlich, deshalb wollte er sich erschießen. »Die mittlerweile gelöste Frage der Exitstrategie hat eine so durchschlagend beruhigende Wirkung auf mich, dass unklar ist, warum das nicht die Krankenkasse zahlt. Globuli ja, Bazooka nein. Schwachköpfe.«

Raddatz folgte einem Ideal, an dem er bis zum Ende hin festhielt, das Wissen, dass man sich in einer feindlichen Welt nur allein Gefährte sein kann; Herrndorf war pragmatischer, er war ja auch jünger, er wollte seinen Tod nicht gedanklich überhöhen, er wollte nur seinen Weg finden, traurig genug.

Denn es waren schlimme, dunkle Zeiten für ihn. Herrndorf machte seine Krankheit öffentlich, indem er sein Tagebuch als Blog im Internet führte. Am 10. August 2010 schrieb er nachmittags um kurz nach vier: »Die Waffe kann ich problemlos in die Hand nehmen, Trommel rausschwenken, Finger in den Rahmen halten, der Lauf, die Züge, Trommel rein, Hahn spannen,

Hahn vorsichtig zurückrasten. .375er Smith & Wesson, unregistriert, kein Beschusszeichen. Aber als ich eine Patrone in die Hand nehmen soll, zittert meine Hand, ich fühle ein spitzes, silbernes Ziehen im Hinterkopf. Eine der merkwürdigsten und schönsten Stunden meines Lebens. Anderthalb Stunden, Gespräch über Waffen und Philosophie. Wie bei Kirillow auch wird Tee serviert, Henne mit Reis gibt es nicht. Ich frage mich, ob ich auf dem Fahrrad aufgeregter zwischen den Polizeistreifen hindurchfahren würde, wenn ich nun unlautere Absichten hätte. Kann mich in die Skrupel dieses früheren Lebens nicht mehr hineinversetzen. Ich glaube, ich könnte jetzt Banken überfallen, ohne dass mein Puls über 60 ginge. Die Munition zur Aufbewahrung X. gegeben.«

Zwei Tage später, am 12. August, schrieb er, um vier Uhr morgens: »In der Nacht katastrophale Alpträume; versuche im Dämmern wieder den Text umzuschreiben und will morgens nur noch das ganze Ding von der Festplatte löschen.« Und am nächsten Tag notierte er, um ein Uhr zwölf in der Früh: »Mir scheint, es ist unerträglich, was ich hier schreibe.« Es blieb ein schwieriger Monat. »Wenn ich heute Morgen Kugeln gehabt hätte, hätte ich's getan«, schrieb er am 22. August, mittags. »Keine schreiende Verzweiflung, keine Tränen, nur so: kann nicht mehr, will nicht mehr, sinnlos. Müsste arbeiten, geht nicht. Jetzt ein Tavor, das zweite seit der Psychiatrie.« Und nachts dann: »Liege neben C. unterm offenen Fenster, stundenlang schüttet der Regen, herrliche Nacht. Im Traum ein Fuchs mit zwei Köpfen, einer vorne, einer hinten, einer lebendig, einer tot. Versuche, den lebenden zu füttern. Es schneit.«

Herrndorfs Schilderungen sind roh und reflektiert zugleich, es ist eine Art umgekehrter Bildungsroman, den er in Fortsetzungen liefert und in dem er schildert, wie er lernt, mit dem Tod zu leben. »Ich habe mich damit abgefunden, dass ich mich erschieße«, schrieb er am 25. August 2010, diesem scheußlichen Monat. »Ich könnte mich nicht damit abfinden, vom Tumor zerlegt zu werden, aber ich kann mich damit abfinden, mich zu erschießen. Das ist der ganze Trick. Schon seit Tagen keine Beruhigung mehr. Sobald ein Gedanke kommt, höre ich das geschmeidig klickende und einrastende Geräusch der Abzugsgruppe, und Ruhe ist.«

Ab und zu fügte er Fotos von sich hinzu, meistens Selbstporträts, als ob er sich überzeugen wollte, dass er noch da war. Und das Leben ging ja weiter, es wurde Winter und Sommer und wieder Winter. »Den oft und vermutlich zu Recht kritisierten Satz, das Leben sei der Güter höchstes nicht«, notierte er am 11. Januar 2011, »ich würde ihn jetzt unterschreiben. Was ist das größte Glück? Bewusstlos sterben, und ein unauffällig in den Nacken gehaltenes Bolzenschussgerät entspricht diesem Glück sonderbarerweise genau.«

So reagiert ein Geist, der, anders als Raddatz, anders als meine Mutter, aus dem Hinterhalt mit dem Tod beworfen wurde, es ist eine Kränkung, eine Ungerechtigkeit und nicht das, was einen am Ende eines Lebens erwartet. Das Mitleid ist das Ventil, durch das die Verlogenheit eindringen kann. Und die Wut bleibt gleich, sie bleibt präsent.

»Und Pietät mein Arsch«, schrieb er am 5. Oktober 2011. »Wenn mit Lebenden einmal so pietätvoll umgegangen würde wie mit Toten oder Sterbenden oder wenigstens ein vergleichbares Gewese drum gemacht würde. Das Schlimmste in den letzten Jahren für mich immer: die zusammengeschrumpelte, achtzig- oder neunzigjährige Frau zwischen Chaussee- und Invalidenstraße, ein kleines Becherchen vor sich auf dem Trottoir, durchaus nicht verwahrlost, keine mitgeführten Plastiktüten, vermutlich nicht mal obdachlos. Entschließt sich zu ihrer Tat, wenn ich das richtig sehe, nur sehr unregelmäßig und im Abstand einiger Wochen, wenn das Hartz IV oder was auch immer verbraucht ist.«

Es war die Heuchelei, die er nicht mehr aushielt, es war die Hilfe von anderen, die er ablehnte: »So will ich nicht sterben, so kann ich nicht sterben, so werde ich nicht sterben«, schrieb er am 5. März 2012, nachdem er auf YouTube die einstündige Dokumentation »Choosing to Die« gesehen hatte. Sie zeigt den schwerkranken Hotelier Peter Smedley, wie er zum Sterben in die Schweiz fährt, begleitet von seiner Frau. »Smedley hustet, sein Kinn wird abgewischt«, so hielt Herrndorf die letzten Minuten des Videos in seinem Tagebuch fest, »Smedley stöhnt im Off. Er verlangt nach Wasser. Das Wasser wird ihm verweigert. Die Dignitas-Mitarbeiterin hat einen Arm um seinen Kopf gelegt, hält ihn fest und streicht ihm übers Haar, während seine Hand sich vergeblich nach dem Glas ausstreckt. Smedleys Frau tupft sich ein Taschentuch unter die Nase und schaut in die andere Richtung. Smedley nuschelt Unverständliches, er knattert, er stöhnt, er grummelt. He's sleeping now, erklärt die Dignitasfrau, very deep. No pain at all. He's snoring, he's sleeping very very deep. He feels in a unconsciousness, and then afterwards, uh, the breathing will stop. And then the heart. Smedley, oder was er einmal war, sitzt umgesunken neben seiner Frau. Man hört ihn schnorcheln. Die Mitarbeiterin entfernt sich. Niemand verliert die Fassung. That's what he wanted. And he was ready to go. Yes. Now you are allowed to cry. Let it come out. It does you good. Everything you kept inside until now, let it out. Am Küchentisch werden Formulare ausgefüllt. Der Blick durchs Fenster zeigt schneebedeckte Fichten.«

Und das war für ihn der Horror – die Hilflosigkeit wie die Hilfe: Er war da wie Max, Teil einer skeptischen Generation, die die Regeln der Moral, der Mitmenschlichkeit oder gar der Religion nicht braucht, um Halt zu finden im Chaos, sondern die das Chaos akzeptiert und die Regeln ablehnt, weil sie den Halt selbst finden müssen. Alles andere ist Lüge, und wenn der Tod eines nicht ist, dann eine Lüge. Das war schon immer die Anziehungskraft, dieser Moment der Klarheit, der Wahrheit, der Präsenz im Verlöschen.

Herrndorf formuliert in »Arbeit und Struktur« einen sehr pragmatischen, pathosfreien Individualismus, ohne ideologischen Überbau und auch ohne philosophisches Fundament. Es ist eine Art freihändiges Denken, das so schlingert, weil es vom Tod angetrieben ist, zwischen Hoffnung und Aufgeben, ein ständiges Suchen nach der richtigen Balance und dem nötigen Tempo, um so lange durchzuhalten wie möglich. Und dabei doch irgendwann den richtigen Moment zu finden, um abzuspringen, wach genug noch und auch physisch in der Lage, den Schuss zu setzen.

Es ist nicht Camus, es ist nicht das Absurde, das er anruft, und auch nicht die Autonomie, wie es Améry so emphatisch tat – der Widerstand Herrndorfs gegen die gegebene Art zu sterben ist tatsächlich ein Widerstand im Wortsinn, es ist ein Abwehrkampf weniger gegen sein Sterben als gegen die Einschränkungen, die die Gesellschaft diesem Sterben setzt. Die Ärzte sind für ihn Stützen, alle anderen, die eine Meinung dazu haben, können ihm gestohlen bleiben. Das ganze öffentliche Reden, wie es in Talkshows inszeniert wird, ist ihm fremd, die Worte, die die Menschen dort benutzen, sind eher verletzend, weil es nur um Positionen geht, die mit den eigenen Interessen der Person zu tun haben, die gerade spricht, und nicht mit dem Leiden, das immer unterschiedlich ist.

»Themenwoche Sterben auf der ARD«, notierte er am 19. November 2012. »Komplett Enthirnte wie Margot Käßmann versuchen, ein freies Leben gelebt habenden Menschen das Recht auf Freiheit im Tod zu bestreiten. Die Position der Vernunft wie immer dünn besetzt. Ein Mann, der seine alzheimerkranke Frau beim Suizid unterstützte, sitzt neben einer Zumutung namens Kapuzinermönch Bruder Paulus, dem sein ihm das Gesicht verwüstet habender zweistelliger IQ befiehlt, eine Stunde lang mit zusammengekniffenen Augen angestrengtes Nachdenken simulierend in die Runde zu schauen und seinen Vorredner anzublaffen, warum er seiner Frau denn nicht gleich die Pulsadern aufgeschnitten habe. Lang lebe Berlin-Mitte. Nicht geladen wie immer einer, der das Naheliegende erklärt, nämlich dass in einem zivilisierten Staat wie Deutschland einem sterbewilligen Volljährigen in jeder Apotheke ein Medikamentenpäckchen aus 2 Gramm Thiopental und 20 mg Pancuronium ohne ärztliche Untersuchung, ohne bürokratische Hürden und vor allem ohne Psychologengespräch – als sei ein Erwachsener, der sterben will, ein quasi Verrückter, dessen Geist und Wille der Begutachtung bedürfe – jederzeit zur Verfügung stehen muss.«

Es ist eine eigene politische Philosophie, die Herrndorf hier rotzig benennt, es ist die Frage danach, wie misstrauisch ein Staat seinen Bürgern gegenüber geworden ist, die er nicht ernst nimmt in der Erwachsenheit des Drangs, sich selbst zu töten. Es ist eine Regelwelt, die ihre Regelgedanken auf all die projiziert, die tun und lassen, was sie wollen. Weit jenseits des vorgefertigten Redens über das Sterben, bürokratisch, versicherungstechnisch, parteipolitisch, klerikal, öffnet er einen Raum für den Schmerz und die Trauer genauso wie für die Wut und den Willen, das Ende seines Lebens in die Hand zu nehmen.

Er zeigt aber auch die andere Seite, die Praxis des Sterbens, er hadert mit den Hürden, die ihm der Alltag setzt und auch die Krankenkassen, die Rituale des bürokratisierten Sterbens: »Erneuter Antrag auf Avastin erneut abgelehnt«, schrieb er am 28. Dezember 2012, »mit exakt demselben Textbaustein, ein positiver Einfluss von Avastin bei rezidivierendem Glioblastom sei nicht ersichtlich. Dass mit der PCV-Therapie auch die letzte Möglichkeit ausgeschöpft wurde, interessiert den Medizinischen Dienst der Krankenkasse einen Scheiß. Genauso wenig die erfolgreiche Phase-III-Studie aus den USA. Bleiben nur Klagen, dauert Monate oder Jahre – und dann? Wird der positive Bescheid vom Sozialrichter persönlich Wort für Wort in den Schnee über mein Grab gepinkelt?«

Tatsächlich wurde der Antrag auf eine Therapie mit dem Krebsmittel Avastin am 9. September 2013 genehmigt, zwei Wochen nachdem Wolfgang Herrndorf sich am Ufer des Hohenzollernkanals erschossen hatte.

Die Inschrift auf dem Grab von Marcel Duchamps notierte er in seinem Tagebuch: »D'ailleurs c'est toujours les autres qui meurent.« Es sind übrigens immer die anderen, die sterben.

»August, September, Oktober, November, Dezember, Schnee«, das schrieb Wolfgang Herrndorf zwei Wochen vor seinem Tod. »Jeder Morgen, jeder Abend. Ich bin sehr zu viel.«

Es ist metaphysikfrei, dieses Buch, es ist ohne Transzendenz oder Spiritualität und nüchtern bis zum wütenden Scherz: »Von einer Freundin gehört, dass ihr in der Ausbildung im Hospiz beigebracht wurde, das Fenster im Zimmer der Gestorbenen zu öffnen, damit die Seele rauskann. Das hat mir gerade noch gefehlt, zu verrecken in einem Haus, das von offensichtlich Irren geleitet wird.«

Der Bruch, der das Ende des Glaubens als verbindende Kraft bedeutet, ist sehr viel tiefer, als es in friedlichen Zeiten erscheint – der Griff, den der Glauben gerade im Tod noch einmal entwickelt, aus dem Einzelnen heraus, der ihn sich sucht aus Furcht, oder von der Institution aus, der Kirche, dem Pfarrer, um zu helfen oder um die Macht der Institution zu bewahren, dieser Griff führt in die Leere.

All die Glaubenskräfte gibt es in der rationalen westlichen Gesellschaft nicht mehr ungebrochen, sie waren ein Schutz einerseits vor Zweifel, eine Mauer andererseits um den Einzelnen herum, der sich nur durch Zweifel selbst erkennen kann: Das Nachdenken über den Freitod schuf aber und schärfte seine eigene Logik aus diesem Konflikt heraus, aus der Gegnerschaft zu einem Glauben, der stigmatisierte oder, schlimmer noch, den Selbstmörder ein zweites Mal tötete, indem er ihn gesellschaftlich ächtete. »Der Selbstmörder wird bestraft mit dem Entzug des kirchlichen Begräbnisses gemäß

c. 1240 § 1 n. 3«, so lautete ein Paragraf des Kirchenrechts.

Und Arthur Schopenhauer schrieb: »Soviel ich sehe, sind es allein die monotheistischen, also jüdischen Religionen, deren Bekenner die Selbsttötung als ein Verbrechen betrachten. Dies ist um so auffallender, als weder im Alten noch im Neuen Testament irgendein Verbot oder auch nur eine entscheidende Mißbilligung derselben zu finden ist; daher denn die Religionslehrer ihre Verpönung des Selbstmordes auf ihre eigenen philosophischen Gründe zu stützen haben, um welche es aber so schlecht steht, daß sie, was den Argumenten an Stärke abgeht, durch die Stärke der Ausdrücke ihres Abscheues, also durch Schimpfen zu ersetzen suchen.«

Man kann es auch heutiger sagen: Da das Christentum das Leiden zum Markenkern erhoben und deshalb ein Legitimationsproblem hat, wenn der Einzelne sich entscheidet, dieses Leiden selbst in die Hand zu nehmen, muss die Haltung zwangsläufig sein, den Freitod zu verurteilen oder sogar zu verdammen. Die Folgen davon sind dann ganz real: Wer die Herrschaft über die Angst vor dem Tod verliert, verliert die Herrschaft über die Menschen – wer aber den Menschen die Angst beibringt, lässt sie mit dieser Angst auch dann noch in Abhängigkeit, wenn sie sich aus den Fängen der Institution befreit haben.

»Die europäischen Gesetze sind erbarmungslos streng gegen die Selbstmörder«, schrieb Charles de Montesquieu. »Man schlägt sie sozusagen noch einmal tot, man schleift sie durch den Schmutz der Straßen, man behaftet sie mit dem Makel der Ehrlosigkeit, man zieht ihre Güter ein. Es scheint mir, Ibben, daß diese Gesetze sehr ungerecht sind. Wenn ich von Schmerz, Elend und Verachtung erdrückt werde, warum will man mich hindern, meinen Leiden ein Ende zu setzen, und warum beraubt man mich eines Heilmittels, das in meinen Händen ist? Warum verlangt man, daß ich für eine Gemeinschaft arbeite, der ich nicht mehr angehören will? Daß ich gegen meinen Willen einen Vertrag halte, der ohne meinen Willen abgeschlossen ist? Die Gesellschaft beruht auf gegenseitigem Vorteil, aber wenn sie mir lästig ist, was hindert mich da, auf sie zu verzichten? Das Leben ist mir als ein Gunstbeweis zuteil geworden, ich kann es also wiedergeben, wenn es das nicht mehr für mich ist: die Ursache verschwindet, die Wirkung muß also auch verschwinden.«

Wenn man im Glauben also eine instrumentalisierte Angst des Menschen vor sich selbst sieht, dann wird die aggressive und mit Verboten und Drohungen untermauerte christliche, jüdische, muslimische Politik gegen den Freitod verständlich: Von diesem Moment der Autonomie aus kann man das ganze Gefüge von Abhängigkeit und Macht kritisieren, das sich um den Einzelnen herum gebildet hat. Am Nullpunkt der Angst wird wahr, was Seneca schrieb: »Finden wirst du auch Lehrer der Philosophie, die bestreiten, man dürfe Gewalt antun dem eigenen Leben, und es für Gotteslästerung erklären, selbst sein eigener Mörder zu werden: warten müsse man auf das Ende, das die Natur bestimmt hat. Wer das sagt, sieht nicht, dass er den Weg zu Freiheit verschließt.«

Der eigene Tod also als der Ausgangspunkt für das Nachdenken darüber, wer man ist, wer man sein will, ganz ohne Furcht betrachtet, wird so zum eigentlichen Moment der Emanzipation – ein Sieg der Kultur über die Natur, der Zivilisation über die Biologie, das Zeichen dafür, was den Menschen zum Menschen macht und aus seiner Abhängigkeit befreit: Und gerade in dem biologistischen Zeitalter, in dem wir leben, ist es immer wieder nötig, sich von dem auch ethischen Druck, der dadurch entsteht, dass so vieles möglich ist, zu befreien.

Es ist ein Element der Größe, das in diesem Begriff des Freitods steckt, eine Enthobenheit des Selbst, sich »dem Schicksal möglichst rasch zu entreißen«, wie Seneca die Kräfte nennt, die größer wirken als man selbst, bis man sich aufrafft und sich ihnen entgegenstellt.

Respekt also, erst einmal sich selbst gegenüber, woraus aber, weitergedacht, Respekt anderen gegenüber entsteht. Jede Ethik, könnte man sagen, beginnt mit dem Gedanken an den Suizid – aber das ist nicht entscheidend bei dieser Tat oder selbst bei dem Gedanken an diese Tat, die so klar und abstrakt sein kann, wenn sie nicht aus pathologischer Notwendigkeit entsteht, dass sich das Leben von hier aus neu definieren lässt.

Es ist das, was an einem anderen Ort als Aufklärung bezeichnet wurde, und in diesem Sinn sind auch die Worte des englischen Philosophen David Hume zu verstehen, der schrieb: »Es ist gottlos, sagt der alte römische Aberglaube, Ströme aus ihrem Lauf abzulenken und in die Rechte der Natur einzugreifen. Es ist gottlos, sagt der französische Aberglaube, die Pocken einzuimpfen und das Geschäft der Vorsehung sich anzumaßen durch absichtliche Hervorbringung von Krankheiten. Es ist gottlos, sagt der moderne europäische Aberglaube, dem eigenen Leben eine Grenze zu setzen und dadurch gegen den Schöpfer sich aufzulehnen.«

Wie ein Riss zieht sich die Geschichte des Freitods durch das Denken des Abendlandes, und Hume versucht an diesem Beispiel deutlich zu machen, dass die Philosophie eigentlich ein »Gegengift gegen Aberglaube und falsche Religion« sein sollte, dass der Versuch, »den Menschen in seine natürlich Freiheit wieder einzusetzen«, genau in dem Moment beginnt, wo alle Argumente gegen den Suizid widerlegt sind. Ist es also ein Verbrechen, sich selbst zu töten?, so fragt er. Wer wäre der Geschädigte bei diesem Verbrechen, wer wäre das Opfer? Die Gesellschaft? Aber ein »Mensch, welcher sich aus dem Leben zurückzieht, fügt der Gesellschaft kein Leid zu; er hört bloss auf, ihr Gutes zu thun«, so Hume, »welches, wenn es ein Unrecht ist, ein Unrecht von der geringsten Art ist«.

Oder ist Gott der Geschädigte, ist der Suizid ein Verbrechen gegen eine Allmacht, die »allgemeine und unveränderliche Gesetze« aufgestellt hat, »durch welche alle Körper, vom grössten Planeten bis zum kleinsten Theilchen der Materie« geleitet werden, und die »alle lebenden Wesen mit körperlichen und geistigen Fähigkeiten« ausgestattet hat, »mit Sinnen, Gefühlen, Begierden, Gedächtniss und Urtheil, durch welche sie in dem ihnen bestimmten Lebenslauf angetrieben und geleitet werden«?

Hume, der Aufklärer, ringt mit diesem Gott, er hat ihn noch nicht verabschiedet, auch wenn er wie ein ungebetener Gast in seiner Philosophie herumsteht. Er argumentiert mühsam gegen einen Vorwurf, dessen Gültigkeit er substantiell nicht mehr sehen kann – selbst einem Gott, der die Menschen geschaffen haben sollte, würden sie ja nicht gehören, die Menschen, Gottes Werk wäre keines des Besitzes, sonst wäre Freiheit gar nicht denkbar, sein Werk wäre höchstens eines der Gesetze, wie sie sich in der Natur zeigen.

Was aber, fragt Hume, »bedeutet nun jener Gegensatz, dass ein Mensch, welcher des Lebens müde und gehetzt von Schmerz und Elend die natürlichen Schmerzen des Todes mannhaft überwindet und sich jenem grausamen Schauspiel entzieht, dass, sage ich, ein solcher Mann durch einen Eingriff in das Geschäft der göttlichen Vorsehung und durch Störung der Weltordnung den Zorn des Schöpfers auf sich geladen haben soll?«.

Die Auseinandersetzung, die Hume beschreibt, ist damit eigentlich schon eine andere, moderne, es geht ihm nicht um ein metaphysisches Ringen mit Gott, es

84

geht ihm um die Frage, ob das, was den Menschen bindet, die Gesetze der Natur sind, ob der Mensch sich auch davon emanzipieren soll oder sogar muss, wenn er wirklich frei sein will, ob es diese Konstellation ist, Natur gegen Kultur, an der sich die Frage der Freiheit entscheidet – und ob die Idee des Freitods letztlich am klarsten diesen Gedanken der Freiheit birgt.

Die Natur, so sieht es schon Hume, kämpft gegen die Kultur, oder umgekehrt: Die Kultur setzt sich gegen die Natur zur Wehr, indem sie dem Menschen die Möglichkeit der Entscheidung eröffnet – und die Entscheidung, dieses oder jenes zu tun und dieses und jenes zu lassen, ist die Grundlage dessen, was den Menschen ausmacht. Denn alle Tiere, schrieb Hume, »sind rücksichtlich ihrer Lebensführung der eigenen Klugheit und Geschicklichkeit überlassen, und haben volles Recht, so weit ihre Kraft reicht, die Wirkungen der Natur abzuändern. Ohne die Uebung dieses Rechtes könnten sie nicht einen Augenblick leben.«

Und so ist die »freie Verfügung über sein eigenes Leben« tatsächlich mehr als der Gradmesser der Freiheit – es ist für Hume ein Grundprinzip des Kosmos, und das tiefe Wesen dieses Kosmos beinhaltet auch, dass die Entscheidung über den eigenen Tod selten leichtfertig getroffen wird, dass aber vor allem niemand anderes als man selbst diese Entscheidung wirklich einschätzen kann.

»Ich glaube, dass noch niemand ein Leben wegwarf, das zu erhalten der Mühe werth war. Denn unsere natürliche Furcht vor dem Tode ist so gross, dass kleine Beweggründe nie im Stande sein werden uns mit ihm auszusöhnen«, schrieb Hume und folgerte dann: »Wenn Selbstmord ein Verbrechen ist, so ist es Feigheit allein, die uns dazu antreiben kann. Wenn er kein Verbrechen ist, so sollten sowohl Einsicht als Tapferkeit uns anhalten, uns auf einmal vom dem Dasein zu befreien, wenn es eine Last wird.«

Es gibt viele Menschen wie Max. Ich kenne alleine vier, fünf, sechs, die in ähnlichen Situationen Ähnliches erlebt haben. Sie waren in Krankenhäusern, sie verschwanden für ein paar Wochen, für ein paar Monate, sie waren wie verschluckt, für sich, für andere, sie waren weg, aber sie waren noch da, sie hielten durch, sie gingen nicht, etwas hielt sie da. Oder sie waren nie wirklich gefährdet, sie waren einfach kaputt.

Und es gab die, die gingen, die sprangen, die Zeichen waren da, das Leiden war manchmal bekannt, und manchmal nicht, wir konnten uns vorbereiten und waren doch leer vor Schmerz, wir wussten von nichts, und als die Nachricht kam, trat eine Lähmung ein, die sich nur langsam löste im Gedanken daran, wie sehr es die getroffen haben musste, die ihn, die sie wirklich kannten, wirklich liebten.

Max halfen die Geschichten, die ich ihm erzählte, von diesen Menschen, Menschen wie ihm. Von dem Freund, der ein paar Wochen in der geschlossenen Psychiatrie gewesen war, von der Freundin, die wieder und wieder in die Klinik musste, jedes Mal war die Hoffnung groß, jedes Mal schien das Dunkel dunkler. Es sind Geschichten aus der Mitte der Gesellschaft, von Menschen, die an ihren eigenen Rand gedrängt wurden und hinabstarrten, starke Menschen, eigentlich, nach außen, aber was soll das schon heißen?

Die Überforderung war das Leben – der Tod, schien es, bot ihnen eine Auszeit, als Gedanke, als Möglichkeit, er war ein schrecklicher Begleiter, der ihnen doch die Chance gab, sich selbst einmal von außen zu betrachten. So tief sie in sich selbst saßen, so deutlich wurde ihnen die Differenz zu dem Leben, das sie hatten.

Humes Tod ist ein paar hundert Jahren her, in dieser Zeit hat sich die strahlende Botschaft der Aufklärung relativiert, sie wurde politisiert und benutzt, um über den Umweg der Angst die Abhängigkeitsverhältnisse der voraufklärerischen Zeit wiederherzustellen. An einem einzigen Satz kann man zeigen, wie sich die Freiheit verdunkelt hat. Hume schreibt: »Dies ist dann der einzige Weg, auf welchem wir der Gesellschaft nützlich sein können, indem wir ein Beispiel geben, dessen Nachahmung jedermann seine Chance für glückliches Leben erhält und ihn von aller Gefahr des Elends wirksam befreit.«

Nützlich also. Was meint Hume damit? Nützlich für die Gesellschaft: Wie man diesen Satz interpretiert, hängt damit zusammen, wie man das Verhältnis zwischen dem Einzelnen und der Gesellschaft beschreibt. Machen die vielen Individuen mit ihrer Vorstellung von Glück, Leben, Tod die Gesellschaft aus, jeder für sich – oder bildet die Gesellschaft den Rahmen, ethisch, moralisch, gesetzlich, innerhalb dessen sich der Einzelne so entfalten kann, dass er nicht stört. Die Grenzen sind klar gesetzt, und verändern sich die Umstände, das Bewusstsein oder das Selbstbewusstsein, dann müssen die Grenzen in diesem Modell neu justiert werden. Geht man hingegen von der Freiheit aus, dann ist die Gesellschaft immer nur Abbild dessen, was die gesammelten Vorstellungen der Individuen sind.

Es sind alte Gedanken, immer neu zu denken, die in der gegenwärtigen Diskussion über die aktive Sterbehilfe eine Rolle spielen – ohne so klar in ihrer philosophischen oder staatsphilosophischen Dimension benannt zu werden. Dabei ist diese Diskussion tatsächlich sehr viel mehr als nur ein Versuch, die Frage zu klären, wie wir sterben wollen: Es geht hier darum, mal wieder grundsätzlich das Verhältnis zu klären zwischen dem Bürger und dem Staat und dabei festzulegen, wie weit sich der Staat einmischen darf und soll in das Leben des Einzelnen, welche Zugriffsrechte sich der Staat genehmigt und wie sich der Bürger dagegen wehren kann.

Die Diskussion über die aktive Sterbehilfe wird deshalb auch nicht zufällig an diesem historischen Punkt geführt, wo sich entscheidet, ob sich die Demokratien immer mehr in Regel- und Kontrollgesellschaften verwandeln oder einen liberalen Kern bewahren, der ihre eigentliche Daseinsgrundlage ist. Die Angst, das ist das Wesen dieser Zeit, wird dabei instrumentalisiert, die Angst, die etwas Zukünftiges meint, wird benutzt, um heutige Politik zu gestalten. Angst soll Gesetz werden, eine Hypothese soll Gesetz werden, ein Menschenbild soll Gesetz werden, das den Menschen erst einmal mit Skepsis betrachtet, wenn es darum geht, mit seiner Freiheit und mit seinem Leben selbstbestimmt umzugehen.

Es ist eine Diskussion, die offensichtlich schief geführt wird. Die Grundfrage in einer Gesellschaft, die sich moralisch an die Regeln der Kirche zu halten hatte, lautete: Darf der Mensch sich umbringen oder nicht? Diese Frage ist seit einer Weile mit Ja beantwortet. Die Grundfrage nun in einer Gesellschaft, die von sich sagt, dass sie auf der Freiheit, der Gleichheit und der Brüderlichkeit aufgebaut ist, lautet: Darf der Staat diesen Willen des Menschen, sich zu töten, befördern oder behindern? Und, genauer: Wie?

Die Antwort auf diese Frage ist, mindestens, sophistisch: Der Selbstmord ist erlaubt, es gibt aber Einschränkungen darüber, wie human er sein darf. Brutale Arten sind erlaubt, verboten werden soll, was derzeit gar nicht erlaubt ist, die ärztliche Hilfe etwa beim freien Tod. Und weil diese Argumentation so windschief scheint, sind auch viele Nebenargumente nötig, um sie

abzustützen. Das Problem dabei ist, dass diese Nebenargumente gar keine Argumente sind, sondern Hypo-
thesen.

Wird zum Beispiel eine legalisierte und institutio-
nalisierte Sterbehilfe dazu führen, dass der Druck auf
die Alten und Kranken in einer alternden Gesellschaft
steigt, sich zum Nutzen der Allgemeinheit selbst zu
töten? Diese Sorge wird immer wieder zum zentralen
Punkt, wenn es darum geht, ein Verbot der aktiven
Sterbehilfe zu fordern. Aber kann eine Sorge ein Gesetz begründen? In Belgien und den Niederlanden,
wo die aktive Sterbehilfe erlaubt ist, entscheiden sich
immerhin etwa fünf Prozent der Menschen, dass sie
so sterben wollen. In beiden Ländern gab es schon vorher eine recht hohe Selbstmordquote. Und die Verbin-
dung zwischen diesen individuellen Entscheidungen
und einem gesellschaftlichen Interesse ist schwer her-
zustellen.

Hume hatte ein ziemlich ausgeprägtes Gespür dafür,
wie das Thema Freitod mit der Frage zusammenhängt,
was eine Gesellschaft ausmacht, wie sie wirkt, wie sie
auf den Einzelnen Einfluss nimmt und umgekehrt.
Auch darin war er modern. »Ich bin nicht verpflichtet«,
so beschreibt er dieses Wechselverhältnis, »der Gesellschaft ein geringfügiges Gutes zu thun auf Kosten eines grossen Schmerzes meinerseits: weshalb sollte ich
also wegen eines nichtigen Nutzens, den die Gesellschaft vielleicht von mir erlangen möchte, ein elendes
Dasein verlängern?«

Er verwendet das Wort vom Nutzen ganz anders, als es in der gegenwärtigen Diskussion auftaucht, er beschreibt den Nutzen als das Interesse der Gesellschaft, den Einzelnen so lange am Leben zu halten wie möglich, über dessen Willen hinweg: ein im Grunde genauso plausibles Szenario wie das vom Selbstmorddruck – das Bild von Krankenhäusern, die die Menschen bis zuletzt an den Maschinen halten, weil die Geräte laufen müssen, weil sich das Geschäft mit dem Sterben für sie lohnt, weil sie noch das eine oder andere Medikament ausprobieren können oder ein paar unnötige Hüftgelenke einsetzen wollen. Die Pharmaindustrie ist allein in Deutschland ein 40-bis-50-Milliarden-Euro-Markt: Es läge genauso in der Logik der alternden Gesellschaft und der Wirtschaft, die davon profitiert, dass sie sich den Markt mit dem Tod nicht nehmen lassen wollen.

Die Art und Weise, wie die gegenwärtige Diskussion um die aktive Sterbehilfe geführt wird, ist also ziemlich verrutscht, um es vorsichtig zu sagen – die Interessen, die dabei deutlich werden, sind eher die von Menschen, die nicht von den Problemen betroffen sind und es vorziehen, durch Extremszenarien und Warnungen nicht nur sich selbst mit einem humanitären Heiligenschein zu umgeben, sondern die Not der anderen für ihre politischen Zwecke zu benutzen.

Ein Gesetz, das die aktive Sterbehilfe verbieten würde, wäre demnach ein Gesetz, das für die Zukunft eine Situation antizipiert, wie sie eventuell oder auch eventuell nicht eintreten wird – wo es aber in der Gegenwart sehr reale Probleme gibt für Menschen, die ihren eigenen Tod so regeln wollen, wie es ihnen beliebt und wie es ihnen freistehen sollte als freie Menschen.

Die Frage ist, ob zwei oder drei Organisationen oder Vereine, um mehr geht es erst einmal nicht, durch ihre Arbeit den Drang der Menschen, sich selbst zu töten, steigern oder den Menschen, die sich selbst töten wollen, Hilfe anbieten, die diese brauchen. Diese Menschen werden bislang mit einem Stigma beladen, sie werden in ein Schattenreich gedrängt, sie werden gezwungen, sich aus dem Fenster zu stürzen, wie es der Schriftsteller Ernst Loest tat, ein Freund von Fritz J. Raddatz, der 87 Jahre alt war und im Krankenhaus und so verzweifelt, weil er dort nicht sein wollte, weil er so nicht sterben wollte, dass er, der an Höhenangst litt, sich aus dem zweiten Stock stürzte, was immerhin das Risiko barg, dass er den Sturz überleben könnte, schwer behindert, mit grausamen Schmerzen.

Die Art und Weise, wie die meisten Politiker über dieses Gesetz reden, macht daraus ein Misstrauensvotum gegen den freien Willen. Sie warnen vor der »Normalisierung« einer »geschäftsmäßigen, auf Wiederholung angelegten« aktiven Sterbehilfe, sie sehen einen »Gewöhnungseffekt«. Nimmt man Hume, so ist das, wenn überhaupt, eine mögliche Konsequenz, keine notwendige, und nicht unbedingt eine negative. Der Verdacht, der in dieser Formulierung der deutschen Politiker liegt, ist ihm fremd, sein Menschenbild ist ein anderes, ein positiveres, freiheitlicheres, optimistischeres, fortschrittlicheres und durchaus, wenn man es politisch benennen will, linkeres – das Menschenbild, das sich in dem Gesetzesantrag zeigt, der parteiübergreifende Unterstützung gefunden hat und im Herbst 2015 zur Abstimmung ansteht, ist dagegen ein negatives, es ist ein freiheitsfeindliches, es ist das, was letztlich konservative oder reaktionäre Politik von freiheitlicher oder fortschrittlicher unterscheidet.

Es ist deshalb nicht überraschend, dass CDU und CSU, die formal der christlichen Leidens-Doktrin verpflichtet sind und dem Menschen damit die Freiheit, sein Leben so zu beenden, wie er es will, schon aus parteipolitischen Gründen einschränken müssen, mehrheitlich für ein Verbot der aktiven Sterbehilfe sind – sie wollen den Menschen vor sich selbst schützen.

Es ist auch nicht wirklich überraschend, dass die SPD zu großen Teilen diesen Gesetzesentwurf unterstützt – denn die Freiheit war nie etwas, das dieser im Kern staatstreuen und obrigkeitsfreundlichen Partei besonders wichtig war: Der Individualismus ist ihr eher fremd, wie ihn Hume formulierte, der »den Menschen in seine natürliche Freiheit« wieder einsetzen wollte, indem er das Recht auf den Freitod erörterte.

Und es ist im Grunde auch nicht überraschend, dass Abgeordnete von den Grünen und der Linken diesen »Weg der Mitte«, wie sie es nennen, mit unterstützen: Freiheitliche, grundsätzlich gedachte Politik hat es in

Deutschland immer schwer. Es gibt zwar auch Anträge, die das Recht auf aktive Sterbehilfe anerkennen, es ist aber mehr als wahrscheinlich, dass sich die Abgeordneten dafür entscheiden werden, den Weg der Verbote weiterzugehen, den sie gerade so gern gehen und der ihnen zumindest den moralischen Mehrwert sichert, dass sie etwas gegen eine »Sterbeindustrie« getan haben, die sie vor allem erst einmal selbst aus argumentativ-rhetorischen Zwecken heraus konstruieren.

Die Diskussion um die aktive Sterbehilfe ist damit symptomatisch für eine Zeit, die an den falschen Punkten Dinge diskutiert, die dringend besprochen werden müssen: Wie wollen wir leben, wie wollen wir sterben, Fragen, die sich angesichts des demografischen Wandels, der alternden Gesellschaft, der Machbarkeitsmedizin, der biologistischen Wende, dem posthumanen Zeitalter, in das wir driften, neu stellen.

Wenn man aber diese Diskussion schon im Keim mit Angst belädt und mit Verboten, kann sie nicht geführt werden. Und wenn man dann noch das ultimative Angstwort einbringt und davon spricht, dass der Druck auf die Alten, sich umzubringen, zu einer Art Euthanasie führen könnte, dann argumentiert man negativ und rückwärtsgewandt und mit der ganz großen Bazooka der nationalsozialistischen Ideologie.

Die Frage bleibt dabei, was deutscher ist: die historisch begründete Angst vor dem eigenen Trieb, Leute in den Tod zu treiben, oder der Drang, den kollektiven Willen vor das Recht des Einzelnen zu stellen. Es geht um diesen Freiheitspunkt – und um die Angst der Gesellschaft vor dieser Macht des Einzelnen.

Eine Angst, die historisch ist und alt, weil sie immer die Gefahr barg, dass von ihr aus der Konsens der Mehrheit gesprengt werden könnte. Deshalb erfand man Regeln, um die Ordnung zu bewahren, um den Einzelnen zu kontrollieren, um den Zusammenhalt zu erschaffen. Problematisch wird es, wenn sich in den Gesetzen die Macht der Moral zu deutlich zeigt – wenn also an die Stelle von Entscheidungen, die jeder selbst treffen muss, treffen darf, Gesetze treten, die sich aus Negativität und Angst speisen und mehr sind als allgemeine Regeln, die genug Raum lassen für den Einzelnen.

Das alles ist das Zeichen einer Gesellschaft, der der Sinn für einen emphatischen Hedonismus genauso abhandengekommen ist wie der Glaube an das Jenseits oder überhaupt irgendeine höhere Idee, und die diese Leere mit Verfahren, Abläufen, Regeln, Gesetzen dezisionistisch zu füllen sucht – wenn also die Erfüllung im Diesseits genauso fremd wirkt wie das erfüllte Leiden, wenn die strahlende Kraft von Lukrez und seine radikale Bejahung der schieren Existenz, zu der auch der freie Tod gehört, genauso fern wirkt wie Thomas von Aquin, der den Selbstmord zur Todsünde erklärte, wenn Versprechen und Drohung, Optimismus bis zuletzt und Kontrolle überall sich in einer Balance der Angst verlieren: dann droht der Tod in der Funktionalität und dem Behördendenken unterzugehen.

Das Reden über den Tod klingt dabei oft so hohl, weil das Reden über das Leben selbst leer geworden ist, ausgehöhlt durch einen Pragmatismus des Hinnehmens von Not, Hunger, Elend, Flüchtlingen, die im Meer ertrinken oder auf langen Märschen verenden oder in Stacheldrahtzäunen hängen bleiben, wie Fliegen in einem grausamen Netz: Das sind Bilder vom Leben, das sind Frontex-Haltungen von großer Empathielosigkeit – und zwar genau jener Parteien, die den Flüchtlingen Rettung verwehren wollen und damit deren Leben riskieren und den eigenen Bürgern den Tod vorschreiben und damit die Freiheit riskieren.

Beides gehört zusammen, schon weil es in einer gemeinsamen Gegenwart geschieht, geteilte Bilder, eine Grundierung des Nachdenkens über den Sinn und den Wert des Lebens – und was daraus im öffentlichen Reden wird.

Es sind in gewisser Weise postdemokratische Reflexhandlungen, die sich hier vollziehen, in den Verboten zum Beispiel, mit denen eine Handlungsmacht vorgetäuscht wird, die an anderen Stellen verloren gegangen ist. Durch Verbote kann man sich selbst ins Recht setzen und sich Legitimität verschaffen, politisches und symbolisches Kapital anhäufen, denn wer Verbote erlassen kann, der kann nicht ohne Macht sein – ein Zirkelschluss, der verschleiert, dass hier eine Politik am Werk ist, die nicht viel andere Ziele zu kennen scheint, als sich selbst und die Wähler über die eigene Ohnmacht hinwegzutäuschen.

Und so spiegelt sich auch in der aktuellen Diskussion über den Freitod, ein Wort, das übrigens Friedrich Nietzsche geprägt hat, vieles von dem, was die Gesellschaft dieser spezifischen Zeit ausmacht. So war das in allen historischen Phasen, die Übermacht des christlichen Schulddogmas, die Adelsehre, die bürgerliche Not, die Liebe, all das waren Schlüssel zum Freitod, zum Leben, zum Selbstverständnis einer Gesellschaft – heute ist es die Politik als Prozess, ein Handeln, das sich selbst gebiert, eine technokratische Herangehensweise an die Fragen von Leben und Tod, im Krankenhaus genauso wie in der Gesetzgebung.

Und auch die Kritik an der libertären oder liberalen Praxis, die Sterbehilfe in allen Fällen und Formen zuzulassen, spiegelt Grundängste und -konflikte, die an der Gesellschaft und den einzelnen Menschen zerren, die aber nichts mit dem einzelnen Sterbenden oder Todeswilligen zu tun haben – es wird am falschen Objekt etwas durchbuchstabiert, das an anderem Ort und auf andere Weise geklärt werden sollte.

Diese Haltung ist manchmal kapitalismuskritisch grundiert und manchmal kulturpessimistisch, es treffen sich hier vermeintlich linke Positionen, die des Warnens und Mahnens und Wohlmeinens, mit eher rechten Positionen, die an Beispielen wie der Präimplantationsdiagnostik die Moderne als solche angreifen wollen. Der Freitod als Emanzipationsmoment ist diesen Kritikern fremd, weil ihnen die Emanzipation des Menschen als solche egal ist.

Verbunden sind diese beiden Haltungen dadurch, dass sie die grundsätzliche Kritik an den Zeitumständen auf eine andere Ebene verschieben: manchmal ist das die Ebene des Ästhetischen, manchmal ist es die Ebene des Ethischen – wie im Fall der Frage nach dem Wert des Lebens, der Form des Lebens, der Verfügung über das Leben. Aber erstens ist nicht alles eine Folge des totalen Marktes, auch wenn es so aussieht, und andererseits ist es feige, den Kapitalismus auf diese Art zu kritisieren und nicht grundsätzlich und systematisch.

Konkreter gesagt: Wer den Geist des Geldes bekämpfen will, sollte dafür nicht Menschen in Geiselhaft nehmen, die um Autonomie, Freiheit, Menschenwürde ringen.

DAS
DUNKLE
UND
DAS
HELLE

Going in style: Der Mann von der Schweizer Sterbehilfeorganisation hatte einen Vorschlag, der Fritz J. Raddatz gefallen hätte. Man betrinkt sich, mit Champagner oder Gin Tonic oder Rotwein, wie man es eben am liebsten hat, man ist dabei möglichst leicht bekleidet, nur ein Pyjama zum Beispiel und ein Bademantel darüber, wenn man angenehm betrunken ist, geht man hinaus in die Kälte, denn die ist notwendig, ein Gletscher bietet sich an, hoch oben und weit weg von allem, wo man sich dann in den Schnee legt und in den Sternenhimmel schaut und langsam einschläft, wobei man noch etwas trinken kann, bevor man in den süßesten Träumen versinkt, in etwa wie Hans Castorp in Thomas Manns »Zauberberg«.

»Es war ein Park, der unter ihm lag, unter dem Balkon, auf dem er wohl stand – ein weiter, üppig grünender Park von Laubbäumen, von Ulmen, Platanen, Buchen, Ahorn, Birken, leicht abgestuft in der Färbung ihres vollen, frischen, schimmernden Blätterschmucks und sacht mit den Wipfeln rauschend. Es wehte eine köstliche, feuchte, vom Atem der Bäume balsamierte Luft. Ein warmer Regenschauer zog vorüber, aber der Regen war durchleuchtet. Man sah bis hoch zum Himmel hinauf die Luft mit blankem Wassergeriesel erfüllt. Wie schön! Oh, Heimatodem, Duft und Fülle des Tieflandes, lang entbehrt!«

Und das alles, während Castorp, vom Portwein angetrunken, im Schneesturm zu erfrieren droht. Es sei ein schöner Tod, das Erfrieren, heißt es, und der ganze Roman streckt sich wie ein langer Todestanz vor dem Leser aus, es ist eine einzige Meditation über die Macht des Dunklen, das keinen Einfluss über das Lichte bekommen soll, das Ringen zwischen Naphta und Settembrini, die beide dazugehören, die beide ihre Rolle und Funktion haben; oder, wie Mann es selbst ausdrückt: »Wer aber den Körper, das Leben erkennt, erkennt den Tod«, denn »alles Interesse für Tod und Krankheit ist Ausdruck des Interesses am Leben«.

Er sortiert es nicht auseinander, das Dunkle und das Helle, er feiert aber auch nicht das Morbide in seiner dekadenten Schönheit – zu nah vielleicht ist ihm selbst in seiner Familie dieser Todesdrang, dem sich seine Schwester Carla und seine Schwester Julia ergaben, aus Liebeskummer die eine, da ist sie 28, die andere eher aus Liebesekel, erhängt, kurz vor ihrem 50. Geburtstag. Auch sein Sohn Klaus, der schreibt, er habe mehr Freunde durch Selbstmord verloren als durch

Krankheit, Verbrechen oder Unglücksfälle, nimmt sich das Leben, 1949, in Cannes, mit einer Überdosis Medikamente, er war gerade mal 42 Jahre alt, und Thomas Mann schreibt in sein Tagebuch: »Viel über ihn und den von langer Hand unwiderstehlich wirkenden Todeszwang. Das Kränkende, Unschöne, Grausame, Rücksichts- und Verantwortungslose. Beratung auch über unsere Reisezukunft.«

Was war es bei den Manns, was ist es in manchen Familien? Thomas Mann jedenfalls reiste nicht zur Beerdigung seines Sohnes Klaus, er war gerade auf Lesetour, nur Michael kam, der Bruder von Klaus, der die Bratsche spielte am offenen Grab und sich Jahre später das Leben nahm, in der Silvesternacht 1976, mit Schnaps und Barbituraten. Er hatte als Professor in Berkeley die Tagebücher seines Vaters herausgegeben, in denen Thomas Mann über die »Entfernung der Frucht« schreibt und ihn meint, seinen Sohn Michael. »Stelle immer wieder Fremdheit, Kälte, ja Abneigung gegen unseren Jüngsten fest«, notierte Thomas Mann kurz nach Michaels Geburt; und im »Doktor Faustus« lässt er ihn in der Figur des Knaben Echo grämlich sterben.

Es sind die Kinder, hatte Max gesagt, die ihn im Leben halten. Er hatte das so gesagt, er hatte das so gemeint, er hatte nicht gesagt, dass er sich wirklich umbringen würde, er hatte nicht gesagt, was genau an den Kindern ihn im Leben halten würde, er hatte das Wort Kinder abstrakt benutzt, als Idee, Gedanke, etwas Allgemeines, an dem er sich dennoch festhalten konnte.

Die Krise, die er durchmachte, hatte mit den Kindern zu tun, abstrakt wiederum, mit der Situation, in die er sich durch die Kinder gebracht hatte – eine Verengung der Möglichkeiten, die manche beruhigend finden, weil sie das erst als Leben wahrnehmen, die aber für jemanden wie Max bedrohlich ist, weil es vor allem eines deutlich macht: Die Zeit drängt voran, sie ist ein mehr oder weniger gerades Band, und wenn du dich daran nicht mehr festhältst, dann rutschst du ab, dann bist du weg.

Kinder sind Zeichen für die Kontinuität, aber auch für das Ende: Weil alles weitergeht, wirst du verschwinden. Das ist das Malmen, das man hören kann, wenn man es will, das Malmen der Zeit, das andere Alltag nennen.

Max fühlte diesen Druck, und das, was ihn bedrängte, hielt ihn wiederum fest, im Leben, wie er es sagte, bei sich.

Was heißt das also, der freie Tod: Bei all den Verwicklungen und Verstrickungen, die einem den Atem rauben, bevor man das Wort Freiheit überhaupt gesagt hat, Krankheiten, Biographien, Brüchen, Erniedrigungen, Enttäuschungen, Abhängigkeiten, der Unsicherheit, dem Verlust, psychosomatischen Faktoren, psychischen Problemen, all den ausufernden Gründen, aus denen heraus sich Menschen entscheiden, dass sie nicht mehr leben wollen?

In der Familie Mann hatte sich der Tod um Klaus und Michael geschlungen, und was dabei von innen kam und was dabei von außen kam, was die Kälte des Vaters war und was die Kälte des Lebens, eine Serie von Kränkungen vielleicht, eine Sehnsucht auch, die nicht erfüllt wurde, all das kann man versuchen zu beschreiben – aber der Wahrheit über den Tod wird man so nicht viel näher kommen. Man wird darum herum erzählen und spekulieren, denn am Ende bleibt die Tat die Tat, und ob es eine Tat der Verzweiflung ist oder der Befreiung, aus Angst oder aus Freiheit heraus begangen, das bleibt so schwer zu sagen oder zu beschreiben wie das, was Freiheit heute bedeutet, wo im Namen der Freiheit auch Kriege geführt werden und Staaten gestürzt, wo im Namen der Freiheit die Freiheit eingeschränkt wird und eine Meinung nur dann geschützt ist, wenn sie niemanden verletzt.

Ist Freiheit noch das richtige Wort für eine Utopie, die auf dem Recht, dem Glück, der Unabhängigkeit des Einzelnen beruht? Oder ist Freiheit so neoliberal besetzt, so sehr die Camouflage einer Ideologie, die aus dem Recht des Einzelnen das Recht des Stärkeren machen will, dass es vor allem eine Chiffre für Fehler und Versäumnisse ist? Oder, anders gesagt, beginnt das Nachdenken darüber, was Freiheit sein kann, heute mit dem Ende, bietet die Reflexion darüber, wie wir sterben wollen, die Möglichkeit, ganz grundsätzlich das zu überdenken, was Individualität sein kann, das Fundament, auf dem die Gesellschaft gebaut ist? Ist das auch der Grund, warum der freie Tod so umstritten ist, so überwölbt von politischen Interessen, die dabei eigentlich keinen Platz haben, sich diesen Platz aber so dreist nehmen, dass der Paternalismus mancher Politiker, Bischöfe und Sonntagsredner kaum noch zu ertragen ist?

Der Widerspruch ist dabei offensichtlich: Wir leben in einer Zeit der politisierten Freiheitsideologie nach außen, die Kriege im Irak und in Afghanistan nur als krasseste Beispiele, und einer Freiheitsfeindlichkeit im Inneren, die den Einzelnen im Privatesten erreicht, Überwachung, Rauchverbot etc. – und beides hängt auf vertrackte Weise miteinander zusammen: Je lauter und hohler die Parolen von Freiheit klingen, wenn sie dazu benutzt werden, Machtsphären des Westens militärisch oder im Zuge der Finanzkrise ökonomisch zu sichern, desto deutlicher wird, dass die Einschränkungen der Bürger- und Freiheitsrechte in Zeiten der digitalen Kontrolle die andere Seite ist, die Konsequenz dieser außenpolitischen Anstrengungen, die Reaktion auf die Angst, die die Grundlage erst für das kriegerische Agieren ist. Denn Angst schafft Abhängigkeit, Angst schafft Macht, Angst macht gefügig, hysterisch, stumpf. Angst, so definiert, ist unvernünftig und das Gegenteil von Freiheit. Wir leben in einer Angst- und Verbotszeit, in der weiche Wände gebaut werden, um die Menschen herum, die vor sich selbst geschützt werden müssen, so scheint es, vor sich und vor einer Realität, die vor allem im Modus des Risikos gesehen wird – auch das ein Widerspruch, wobei das wiederum zusammen zu denken ist, die zunehmende Virtualität der Realität, des Lebens, der Beziehungen, und die Einschränkungen der Freiheit im Namen der Sicherheit, großflächig als Warnung vor dem Terrorismus und konkret als Eingriff in das Leben, den Alltag, das Sterben, durch eine Politik der Sorge, der Vorsorge, der Übergriffe – denn die Politik sollte niemals sagen, wie wir leben sollen, sie sollte immer nur den Rahmen dafür bieten, dass jeder so leben oder sterben kann, wie er oder sie will.

Und so muss man den Begriff von der Freiheit komplettieren mit dem von der Autonomie, die in diesem Fall so wichtig ist, weil die Gesetze, die andere erlassen, so sehr in Konflikt stehen zu dem, was der Einzelne oft will. Es ist diese Autonomie, die die Grundlage der Freiheit ist, und wiederum ist die Freiheit der Schutz für diese Autonomie. Das Recht, um das es hier geht, ist dabei nichts, was demokratische Staaten regeln können, denn sie entstehen erst aus dem Willen der Bürger. Sie sollten das Zusammenleben regeln, nicht das Leben.

Im Fall der Sterbehilfe geschieht aber genau das. Der Zugriff des Staates ist eine Verletzung des Rechts des Einzelnen, sein Leben so zu gestalten, wie er oder sie es will. Es ist ein fundamentaler Eingriff ohne eine grundlegende Legitimation, denn es sind Ängste, die durchbuchstabiert werden, um das Verbot der assistierten Sterbehilfe zu rechtfertigen – die Diskussion, was für existentielle Konsequenzen dieses Gesetz haben würde, wird kaum geführt.

Autonomie ist dabei mehr als das Gesetz, das man sich selbst gibt – es ist eine echte, existentielle Freistelle, es ist das Dasein, wie es erst einmal ins Nichts ausgreift, um sich daraus selbst zu erschaffen. Autonomie ist natürlich auch eine Gefahr, für die anderen, weil sie einen nicht kontrollieren können, und für einen selbst, weil man scheitern kann. Das ist die Zweischneidigkeit der Freiheit, das ist es, was sie so faszinierend und verführerisch macht.

Und so wird das Risiko, das das Leben immer ist, heute meistens nicht als das beschrieben, was es auch ist: der Ursprung der Freiheit, die sich ja erst aus der Gefahr, aus dem Sinnsturz, der Leere, dem Nichts ergibt – es macht das Leben im eigentlichen Sinn erst aus, dass es schiefgehen kann, dass es misslingen kann, erst in der Niederlage, erst im Verlust scheint das auf, was an anderen Möglichkeiten und Utopien denkbar ist. Wenn man das wegnimmt, wenn man das Risiko, die Gefahr, die Probleme, möglicherweise auch das Leiden, die Einsamkeit, die Sorge dazu benutzt, eigene Interessen oder eigene Positionen zu sichern, um sich selbst ins Recht zu setzen und dem Tun eine Legitimität zu geben, dann verrät man nicht nur die Freiheit, sondern auch die Sorge, indem man sie politisiert.

Das ist die Verbotsmentalität dieser Tage, das ist die Kontrollgesellschaft, die ihren Einfluss noch in den letzten Augenblick des Lebens ausdehnen will, wenn sich die Stille ereignet und die Vernunft versagt, weil der Tod nicht zu verstehen ist, es sei denn, man sieht ihn rational, und das ist kein Widerspruch, jedenfalls keiner, den man auflösen könnte: Nicht der Tod ist der Widerspruch, sondern das Leben, und es gibt nur einen Menschen, den dieser Widerspruch etwas angeht, weil er ihn aushalten muss, es gibt nur einen Menschen, in dem dieser Widerspruch ausgetragen wird, und das ist jeder für sich.

Man muss die Freiheit also erst einmal wieder für sich reklamieren, man muss deutlich machen, dass sie die Grundlage von allem ist, persönlich vor allem, als das, was uns ausmacht, zuerst einmal gar nicht im politischen Sinn, sondern in der Möglichkeit, sich selbst im Spiegel zu erkennen. Und das ist ja eigentlich erst einmal das Selbstverständlichste überhaupt – wenn es nicht so wenig selbstverständlich wäre, wenn sich nicht von hier und von dort die Wohlmeinenden einmischen würden, entweder aus ganz bestimmten Interessen heraus, moralisch, taktisch, finanziell, oder einfach, weil sie gar nicht merken, wie übergriffig das ist, was sie tun.

Das heißt nicht, dass Hilfe, Sorgen, Empathie schlecht sind, die Arbeit in Hospizen etwa oder das, was Sterbebegleiter leisten, wenn sich Menschen entschieden haben, dass sie so sterben wollen, gepflegt bis zuletzt. Es ist aber nichts, was sich verordnen lässt, besonders nicht um den Preis der Freiheit.

Albert Camus hat von der gefährlichen Freiheit erzählt, in seinem Roman »Der Fremde«: Die Tat als der Moment der Stille, aus dem heraus das ganze Universum entsteht, gerade während es versinkt. »Das Licht ist auf dem Stahl aufgespritzt, und es war wie eine lange funkelnde Klinge, die mich an der Stirn traf. Im selben Augenblick ist der in meinen Brauen angesammelte Schweiß mit einemmal über die Lider gelaufen und hat sie mit einem warmen, zähen Schleier überzogen. Meine Augen waren hinter diesem Vorhang aus Tränen und Salz blind. Ich fühlte nur noch die Beckenschläge der Sonne auf meiner Stirn und, undeutlich, das aus dem Messer hervorgeschossene glänzende Schwert, das immer noch vor mir war. Diese glühende Klinge zerfraß meine Wimpern und wühlte in meinen schmerzenden Augen. Und da hat alles gewankt. Das Meer hat einen zähen, glühenden Brodem verbreitet. Es ist mir vorgekommen, als öffnete sich der Himmel in seiner ganzen Weite, um Feuer herabregnen zu lassen. Mein ganzes Sein hat sich angespannt, und ich habe die Hand um den Revolver geklammert. Der Abzug hat nachgegeben, und da, in dem zugleich harten und betäubenden Knall, hat alles angefangen.«

Es sind Big Bang und Kosmologie, es ist ein Mord am Strand, nur scheinbar sinnlos, denn wie kann man das sagen, wenn sich der Sinn erst aus der Tat ergibt – und in vielem wirkt das, was Camus hier beschreibt, auch wie der Mord an einem Spiegelbild, eine Art symbolischer Selbstmord, aus dem heraus sich für Camus der Anfang dessen ergibt, was es an Gedanken über das Leben und die Freiheit des Menschen zu sagen gibt.

So singulär betrachtet er diese Tat, es ist »der Fremde, der uns in gewissen Augenblicken in einem Spiegel begegnet, der vertraute und doch beunruhigende Bruder, den wir auf unseren eigenen Photographien sehen« – so zeichnet Camus dieses Selbstbild im »Mythos von Sisyphos« nach. Die Natur ist dabei ein Gegenbild zu dem, was im Inneren des Menschen passiert, sie bildet weniger das ab, was wir sehen, und mehr das, was wir sind.

»In der Tiefe jeder Schönheit liegt etwas Unmenschliches«, schreibt Camus, »und diese Hügel, der sanfte Himmel, die Konturen der Bäume – sie verlieren im Augenblick den trügerischen Sinn, mit dem wir sie bedachten, und liegen uns von nun an ferner als ein verlorenes Paradies. Die primitive Feindseligkeit der Welt, die durch die Jahrtausende besteht, erhebt sich wieder gegen uns. Eine Sekunde lang verstehen wir die Welt nicht mehr: jahrhundertelang haben wir in ihr nur die Bilder und Gestalten gesehen, die wir zuvor in sie hineingelegt hatten, und nun verfügen wir nicht mehr über die Kraft, von diesem Kunstgriff Gebrauch zu machen. Die Welt entgleitet uns: sie wird wieder sie selbst.«

Es dauert ein paar Stunden, bis der Körper den Rhythmus versteht, der ihm fremd ist: dieses Tempo, der Atem, die Regelmäßigkeit der Schritte. Manchmal redeten wir, manchmal schwiegen wir, und das Besondere und auch das Schwierige an diesen Momenten der Stille war es, sie auszuhalten.

Denn das gehört ja dazu: die Beobachtung, die Einschätzung, das Urteil, das Wissen, das Besserwissen, das Abchecken, ein Insiderblick auf die Welt, die dazu da ist, von uns gelesen, verstanden, benutzt zu werden. Was aber, wenn die Welt einfach nur da ist, für sich, wenn sie nicht auf uns zu warten scheint, wenn wir uns über die dünne Kruste bewegen, die Wege, entlang der Felder, durch die Hitze und in den Schatten? Was also, wenn sich die Welt zurückzieht? Ist das ein Moment der Angst und Verlorenheit, weil sich etwas auftut vor uns, ein Loch so tief wie wir selbst, und wenn wir hineinstürzen, vergessen oder erkennen wir uns? Oder ist es ein Moment des Ankommens in einer Freiheit, die ganz aus sich selbst entsteht, nur aus der Tatsache, dass wir da sind, an dieser Wegbiegung, auf diesem Hügel, irgendwo dahinter liegt San Gimignano, das wussten wir, auch wenn wir die Türme, die berühmten Türme noch nicht sahen.

Nur wenn die Welt sich zurückzieht, könnte man sagen, ist sie ganz da – es geht darum, dass wir uns aus dem Paradox befreien, in das wir verheddert sind, der Glaube daran, dass uns die Welt trägt, weil wir sie beobachten, beschreiben, uns in ihr bewegen. Das Gegenteil ist der Fall: Die Welt bedrängt uns, wenn wir so sind, so überaufmerksam nach außen, in dauernder Kommunikation mit dem, was wir sehen, ständig damit beschäftigt, die inneren und die äußeren Bilder miteinander abzugleichen. Deshalb ist Gehen auch wie eine Meditation, es ist eine Konzentration auf das, was einen im tatsächlichen Sinn bewegt.

Max wusste, dass es ihm besser gehen würde, bald, irgendwann, er wusste, dass er nicht krank war, jedenfalls nicht in dem Sinn, dass er dem Tod nachgeben würde. Max wusste, dass es anderen schlechter ging, dass andere auch nach vielen dunklen Wochen die Klinik nie verlassen würden, weil etwas blieb, das sie festhielt. Selbst wenn sie gingen, ganz würden sie nie mehr sein.

Max würde, das ahnte er, von dieser Wanderung zurückkehren und erst einmal weitermachen, es ging ja auch nicht anders, denn Veränderung ereignet sich nicht plötzlich, Veränderung ist etwas, das man ermöglichen muss. Dafür waren diese Stunden gut, eine Chance, von außen das zu betrachten, was im Inneren falsch lief. Die Welt also als Spiegel der Seele, durchaus im romantischen Sinn.

SCHICKSALE, DIE FREIHEIT WERDEN

»Auch dies ist zu Ende«, schrieb Cesare Pavese am 1. Januar 1946. »Die Hügel, Turin, Rom. Vier Frauen erledigt, ein Buch gedruckt, schöne Gedichte geschrieben, eine neue Form entdeckt, die viele Gedankenströmungen zusammenfaßt (Gespräch mit der Circe). Bist du glücklich? Ja, du bist glücklich. Du hast Kraft, du hast Genie, du hast zu tun. Du bist allein. Zweimal hast du in diesem Jahr den Selbstmord gestreift. Alle bewundern dich, machen dir Komplimente, tanzen um dich herum. Na und? Du hast nie gekämpft, erinnere dich daran. Du wirst nie kämpfen. Zählst du etwas für jemanden?«

Vier Jahre später brachte er sich um, im August 1950, auf dem Höhepunkt seines Ruhms, im sommerverlassenen Turin. »Mit den anderen«, schrieb er, »muß man immer leben, als würden wir gerade erst beginnen und einen Augenblick später aufhören.« Das Buch, das aus seinen Notizen entstand, heißt »Das Handwerk des Lebens«, es ist ein Buch voller Emphase und Verzweiflung, heiter und hedonistisch und dunkel zugleich, und es stehen einige der schönsten Sätze darin, die über den Tod geschrieben worden sind, der Pavese ein Schatten war und vielleicht ein Freund: »Die Idee des Selbstmords war ein Bekenntnis zum Leben«, schrieb er etwa am 1. Januar 1950. »Welch ein Tod, nicht mehr sterben zu wollen.«

Pavese war einer jener Schriftsteller, die wie ein Medium des Todes wirken, dünnhäutiger, offener, intensiver in allem, mehr im Leben und doch dem Leben entfernt, mitten in seinen Figuren, seiner Umwelt und allein in seinem Zimmer, intim mit der Welt wie mit dem Tod. Sylvia Plath oder Virginia Woolf, Ernst Toller oder Ernest Hemingway, Primo Levi, Celan, Stefan Zweig, Jessenin, Majakowski, Kleist, Mishima, Konrad Bayer, Sarah Kane und Werner Schwab, die Liste ist lang, und viele mehr, die über den Freitod nachdachten und sich mit ihm anfreundeten und über ihn schrieben, wie Hermann Hesse, blieben im Leben, gaben nicht nach. »So lebhaft die Freude sein mag, mit Freunden, mit jemandem zusammenzusein«, schrieb Pavese, »stärker ist die, allein davonzugehen, danach. Das Leben und der Tod.«

Die Frage bleibt, wie viel davon eine Traurigkeit ist, die in die Depression abgleiten kann, eine Empfindlichkeit dem Leben und seinen Zumutungen wie seinen Geschenken gegenüber, eine Sorgfalt sogar, die kippen kann, jederzeit – und wie viel daran eine Form von künstlerisch überhöhter Selbstbestimmung ist, eine artistisch inspirierte Autonomie, deren Umsetzung nur die Schriftstellerei ist, nicht deren Grund. »Wenn der traurige Abend kommt«, schrieb Pavese, »das Herz erdrückt ist, ohne Grund, liegt der Trost noch immer in dem gewohnten Gedanken, daß auch der heitere, trunkene, hingerissene Abend keinen Grund hat – außer vielleicht einer schon verabredeten Begegnung, einer tagsüber aufgeblitzten Idee, einer Kleinigkeit, die auch nicht hätte sein können. Das heißt, es tröstet dich der Gedanke, daß nichts einen Grund hat, daß alles zufällig ist. Seltsame Sache. Auf einer anderen Ebene ist dieser Gedanke grauenvoll. Die wechselhafte Tönung deiner Launen erträgst du, da sie unbedeutend ist. Das setzt einen enormen Optimismus voraus, ein Vertrauen in das einfache Geschehen. Solange die Dinge nur geschehen und nichts dahintersteckt, bist du ruhig. Das ist der epikureische Verzicht, das ruhige Leben. Gibt es das?«

Pavese sah, dass anderes möglich wäre, aber er wusste, dass ihm diese Möglichkeit nicht offenstand. »Warum Ewigkeit«, schrieb er. »Wir begreifen nicht, was das sein soll. Auf den Einwand, daß unser Denken, welches Ende wir auch dem Existieren setzen wollten, sofort darüber hinaussspränge, antworten wir, daß dies nicht beweist, daß es *darüber hinaus* eine wahre Wirklichkeit gäbe: das kleine denkende Quadrat auf der Kugel springt immer weiter, und dennoch ist die Kugel für es begrenzt. Wir sind so gemacht, daß der Geist immer über uns hinausspringt – das ist alles –, aber es ist nicht gesagt, daß die Zeit wahrhaftig existiert, und somit fiele das Problem unserer Vergänglichkeit weg. Bleibt die Frage – wieso sind wir, wenn die Zeit nicht existiert, nach zeitlichem Schema geschaffen? Wenn die Wirklichkeit immer gleich und unbeweglich ist, wieso sind wir immer anders und beweglich?«

Das war es, was wir erfuhren, Max und ich, als wir durch die Toskana wanderten.

Von Émile Durkheim stammt die Theorie, dass es bestimmte Brüche in der Zeit sind, die mit dafür verantwortlich sind, dass sich Menschen umbringen, soziale Krisen, wissenschaftliche Eruptionen, wirtschaftliche Sprünge, Revolutionen. Er nannte das die Anomie. Gleichzeitig stellte er fest: »Jede Gesellschaft hat in jedem Augenblick ihrer Geschichte jeweils eine bestimmte Neigung zum Selbstmord«: ein Pegel also an Überdruss, Niedergeschlagenheit und Verzweiflung, der immer gleich bleibt, der sich nur nicht immer gleich äußert, in den Taten, die an jeweils spezifische Epochen gebunden sind, und die Ereignisse, die aus dem Ennui eine Epidemie werden lassen.

»Bist du bereit, auf dunkle Art zu sterben«, fragte Pavese – und gab sich selbst die Antwort: »Eines Tages wird es geschehen müssen.« Was bedeutet es aber, diese Notwendigkeit zuzulassen, diesen Drang anzuerkennen, ihn einzubauen ins Leben, in die Vorstellung des Lebens, wie sie durch das Nachdenken über den Tod entsteht? Was bedeutet es, wenn man sich durchlässig macht für das Ende? Was bedeutet es, wenn man mit dem Tod lebt wie mit etwas Alltäglichem, ein Partner fast, den man ab und zu um Rat fragen kann? Was bedeutet es, diese Nähe zu spüren und damit zugleich diese endlose Ferne, das Nichts? Was bedeutet es, wenn Pavese schreibt: »Den Tod als einen Zwischenfall betrachten. Während er etwas Ungeheures ist.«

Es ist ein Paukenschlag, der einen aufweckt und hochschrecken lässt, während man im Strom der Zeit versinkt, der allein dem Menschen gegeben ist, so sieht Pavese es, ein einziges Rätsel, denn wer man einmal war, der wird man nie mehr sein, und doch schaut man zurück und erkennt nur sich, sich allein. »Wo sind die Ängste, die Schreie, die Liebesgeschichten der Jahre zwischen 18 und 30«, schrieb Pavese 1949, ein Jahr vor seinem Freitod, da war er 41 Jahre alt. »Alles, was du verwendest, wurde damals angehäuft. Und dann? Was wird man tun? Hier muß das Schicksal eintreten und zeigen, wer du bist.«

Aus der Unschärfe heraus also gibt der Tod, den Pavese das Schicksal nennt, der Zeit eine Form, die dem Leben sonst abhandenkommt. »Der Zustand von Unbestimmtheit«, schrieb Pavese, »von unsicherem Suchen dauert an. Wieder stellt sich das schon oft berührte Problem: du bemerkst nicht, daß du lebst, weil du nach dem neuen Thema suchst, gehst verträumt durch Tage und Dinge. Wenn du dann wieder zu schreiben begonnen hast, wirst du nur noch ans Schreiben denken. Also wann lebst du eigentlich? Wann berührst du den

Grund? Immer bist du durch deine Arbeit abgelenkt. Du wirst beim Tod ankommen, ohne es zu bemerken.«

Es ist die Zeit, mit der Pavese hadert, sie ist der Grund seiner Unruhe, wie ein Föhnwind weht sie ihn an und bringt die Vergangenheit zurück und nimmt ihn damit aus seiner Gegenwart, in der er doch leben will, aber es klappt nicht: »Wo ist der Junge geblieben, der sich fragt, wie man es macht, zu sprechen«, schrieb Pavese im Dezember 1949, der Kalender treibt ihn auf den Tod zu, wo ist »der Bursche, der sich verzehrt und erbleicht, wenn er an Homer und Shakespeare denkt, der Zwanzigjährige, der sich töten will, weil er keine Beschäftigung hat, der Verratene, der die Fäuste ballt, während er denkt, ob er je die Schöne mit seiner Größe wird verwirren können«?

Und weil der Tod eben das Gegenteil der Zeit ist, die reinste, klarste Abwesenheit, gewinnt er an Kontur, je näher Pavese ihn herbeischreibt. »Ekel vor dem Getanen«, notierte er. »Gefühl von Kränklichkeit, von physischem Verfall. Sich neigender Bogen. Und das Leben, die Liebesgeschichten, wo sind sie gewesen? Ich bewahre den Optimismus: ich klage nicht das Leben an, ich finde, daß die Welt schön und würdig ist. Aber ich falle. Was ich getan habe, habe ich getan. Möglich? Wunsch, Begehren, Verlangen, zu nehmen, zuzubeißen, zu tun. Werde ich noch einmal soweit kommen?«

Oder anders gesagt: »Wir sind auf der Welt, um das Schicksal in Freiheit zu verwandeln (und die Natur in Kausalität).«

Das Dahintreiben, die Willenlosigkeit und Erge-
benheit – oder der Protest, der Widerstand, das Auf-
begehren, das seine ultimative Form findet im Gedanken, dass die Biologie überwunden werden muss, wenn
der Mensch zum Mensch werden soll, »Schicksale, die
Freiheit werden«, wie es Pavese nannte. Gegen die Religion, gegen reaktionäres Denken, gegen die Macht
des Mythos setzte er die Erzählung, die Kunst, die Geschichte, seine Geschichte, setzte er sein Leben als Ein-
satz.

Das jedenfalls war die stolze Theorie, das war der
Teil seines Schreibens in seinem letzten Jahr, in dem
er sich zu entrückter Klarheit entschied.

»Die Liebe ist wirklich die große Bestätigung«,
schrieb er. »Man will *sein*, man will *zählen*, man will –
wenn man sterben muß – mit Wert sterben, mit Auf-
sehen, kurz, man will *bleiben*. Und doch ist immer der
Wille, zu sterben, in ihr zu vergehen, an sie gekoppelt:
vielleicht, weil sie so übermächtig Leben ist, daß sich,
wenn man in ihr vergeht, das Leben sogar noch mehr
bestätigen würde?« Und er setzte noch hinzu: »Man
bringt sich nicht aus Liebe zu *einer* Frau um. Man bringt
sich um, weil eine Liebe, irgendeine Liebe, uns in unserer Nacktheit, unserem Elend, unserer Wehrlosigkeit,
unserem Nichts enthüllt.«

Er wird nicht glücklich sterben. »Man kann nie stilvoll enden«, schrieb er, der Selbstmörder »schüchterne
Mörder« nannte und seine Verzweiflung und Verlorenheit beklagte, weil er nichts zusammengebracht hatte,

»nichts«: »Ein paar Jahre lang habe ich meine Gebrechen ignoriert, habe gelebt, als gäbe es sie nicht. Ich bin stoisch gewesen. War das Heroismus? Nein, es hat mich keine Mühe gekostet. Und dann, beim ersten Ansturm der ›unruhigen Angstvollen‹, bin ich in den Treibsand zurückgefallen. Seit März zapple ich darin. Die Namen sind nicht wichtig. Es sind bloße Behelfsnamen, Zufallsnamen – wenn nicht diese, andere? Es bleibt dabei, daß ich nun weiß, welches mein höchster Triumph ist – und zu diesem Triumph fehlt das Fleisch, fehlt das Blut, fehlt das Leben.«

Einen Tag zuvor hatte er noch geschrieben: »Warum sterben? Ich bin nie so lebendig gewesen wie jetzt, nie so *jungenhaft*.« Und einen Tag danach wird er schreiben: »Je bestimmter und genauer der Schmerz ist, um so mehr schlägt der Lebenstrieb um sich und fällt der Gedanke an Selbstmord.«

Es ist ein rätselhafter Satz, wenige Tage vor seinem Tod, am letzten Tag, an dem er sich Notizen macht in seinem Tagebuch, der 18. August 1950, kleine Notate, in denen er den Geist fast beschwört, der ihn fortzieht: »Die insgeheim am meisten gefürchtete Sache geschieht immer. Ich schreibe: o Du, hab Mitleid. Und dann? Es genügt ein bißchen Mut.« Fast wirkt es, als würde er diese Sätze alle noch einmal anprobieren, wie ein gut geschnittenes Hemd, ob sie passen, ob sie ihm stehen, ob sie die richtigen sind. »Es schien leicht, wenn ich daran dachte. Und doch haben kleine Frauen es getan. Man braucht Demut, nicht Stolz.«

Ein Rückblick also, fast schon ein Roman in Haiku-format. Scheint es nun nicht mehr leicht? Und die Frauen, die Liebe? Das sei einer der Gründe gewesen für seinen Freitod, heißt es, die Liebe und die Libido. Aber ist das so? Und was wäre damit gesagt? »All das ist ekelhaft«, so lautet sein letzter Eintrag an diesem Tag und überhaupt. »Nicht Worte. Eine Geste. Ich werde nicht mehr schreiben.«

Neun Stunden waren wir unterwegs, Max und ich. Wir hatten Rast gemacht im Schatten und unter Bäumen gesessen, wir hatten italienisches Weißbrot gegessen und Käse und Wurst, wir hatten uns verirrt und waren von albanischen Arbeitern auf ihrem Anhänger mitgenommen worden. Die letzte Stunde war die härteste, und ich kann gar nicht sagen, dass wir irgendwie froh waren, als wir ankamen. Wir waren einfach da. Wir setzten uns in ein Café an einen Platz etwas abseits von der großen zentralen Piazza von San Gimignano und tranken Bier und aßen Chips und redeten oder schwiegen, ich weiß es nicht mehr.

Am nächsten Tag fuhren wir beide wieder zurück. Wir haben uns seither öfter gesprochen als zuvor, und ich glaube auch, dass es Max besser geht, ich hoffe es, ich kann es aber nicht genau sagen.

Ich habe das Buch geschrieben, und ich hoffe, dass Max es mag. Es handelt ja nicht von ihm. Er ist nur der Weg gewesen in diese Geschichte, er war für mich der Gefährte, den ich gebraucht habe, das merke ich jetzt.

Gestern dann habe ich eine Geschichte gelesen, die von einer Frau handelt, die sich in Belgien mit ärztlicher Unterstützung umgebracht hat. Sie hatte jahrelang, jahrzehntelang unter Depressionen gelitten. Die Geschichte handelte von ihr, vor allem aber von ihrem Sohn, der mit dem Tod seiner Mutter haderte, weil sie gegangen war, ohne sich wirklich von ihm zu verabschieden, ohne sich mit ihm zu versöhnen. Er war wütend auf die Menschen, die seiner Mutter geholfen hatten, sich umzubringen, sein Ärger fand in ihnen einen geeigneten Adressaten – für ihn war es leichter, auf sie sauer zu sein und ihnen Vorwürfe zu machen als sich selbst. Wäre es anders gewesen, wenn seine Mutter sich auf andere Art umgebracht hätte, wenn sie sich aus dem Fenster gestürzt oder vor einen Zug gestellt hätte?

Ein Kollege, mit dem ich ein paar Tage zuvor mittagessen war, hat auch gesagt, dass es ihm Angst mache, wenn er daran denke, was in Belgien und vor allem in den Niederlanden passiere, wie selbstverständlich es dort geworden sei, sich zu »euthanasieren«, so nennen sie es dort selbst. Wenn man den Text liest, dann scheint es fast so, als sei in diesen Ländern der, der sich gegen diese Art von Tod stellt, jemand, der sich gegen die Freiheit stellt. Habe ich das gemeint?

Es herrscht eine seltsame Drift in der Zeit, Dinge geraten in Bewegung, und man ahnt nur, in welche Richtung sie sich entwickeln werden, man ahnt nur, was für Kräfte dahinterstecken. Man sucht in den alten Worten nach Bedeutung für die neue Zeit, man vergleicht wie Schablonen die Deutungen, die Entwicklungen, die Ängste. In diesen Verschiebungen geht manches verloren, überlagert sich, taucht empor. Das alles spiegelt sich in Diskussionen wie der über den freien Tod, den gesellschaftlichen Druck, die Interessen der Medizin-Industrie, die biologistische Wende, das Ende des Humanismus im Anthropozän, also dem Zeitalter, das der Mensch geprägt hat, indem er sich so auf der Erde durchgesetzt hat, wie er es wollte, und sie damit mehr oder weniger ruiniert hat. Globale, globalisierte Beunruhigung, heftiges Zittern.

Fritz J. Raddatz schrieb ein paar Wochen vor seinem eigenen Tod, es ist fast der letzte Eintrag in seinen Tagebüchern, über den Tod eines Freundes – er schrieb, er wolle »nicht noch einmal das schwierige Thema ›Sterbehilfe‹ auswalzen. Aber aufschreiben will ich: Meine Seele ist verhornt. Ich bin traurig, gewiß, aber mehr im Sinne von ›schade‹, nicht im tiefsten, existentiellen Sinn erschüttert wie noch bei Wunderlichs Tod. So bin ich eigentlich kein Mensch mehr, sondern ein Menschen-Darsteller. Ich müßte über mich empört sein – bin jedoch nicht mal das.«

Er bedauert das Versinken »seiner Welt«, aber: »Die Welt schweigt.« Er trinkt ein Glas Wein, er erinnert sich an »Brunello-di-Montalcino-Nächte«, an Champagner in Kampen, an Bayreuth, Chauffeure und ein Bild von

Dubuffet. »Maschine kaputt. Finis Tagebuch«, das sind seine abschließenden Sätze.

Raddatz spürte den Bruch in der Zeit, seiner Zeit, er wollte nicht mehr, er konnte nicht mehr, er hatte sich schon verabschiedet, als er ging: Es war auch eine kulturelle Geste, dass er sich umbrachte, eine Geste des Protestes, auf gewisse Weise, ein Appell an das, woran er glaubte, die Schönheit und Klarheit der Aufklärung und eine Kleiderordnung der Rationalität. All das verband er, nicht mit dem Tod, sondern mit dem Freitod.

Über den Freitod kann man viel sagen, über den Tod eher wenig. Das sah Raddatz wie Wolfgang Herrndorf, dessen Kampf mit dem Tumor er wahrnahm und bewunderte. Über den Tod, da waren sie sich einig, ist so viel Falsches gesagt worden und wurde so viel Kitsch verbreitet, der Tod ist ein Kitsch-Magnet.

Wolfgang Herrndorf notierte sich die »Sätze, die Sie als Vollidiot zum Thema Tod unbedingt sagen müssen: 1. Der Tod ist ein Tabuthema in unserer Gesellschaft. Er wird von ihr an den Rand gedrängt. 2. Der Tod ist ein Bestandteil des Lebens. 3. Es weiß ja niemand, was danach kommt. 4. Ich habe keine Angst, ich weiß ja, was danach kommt.«

Und dann schrieb er noch eine Erinnerung auf, kurz nach seiner Diagnose, meint er, müsse das gewesen sein, ein »ungewöhnlich warmer Märzabend, ich hocke mit einer Tasse Tee vor dem Badfenster unter der prächtigen Nacht und sage zu mir selbst, ich weiß, was der Tod ist, und noch eine Weile weiß ich es, bis ich es wieder vergesse.«

Max ist in die Ferien gefahren, mit seiner Frau und den Kindern, auf eine Insel, irgendwo. Er hat einen Plan, er will sich nicht verlieren. Also muss er raus, denkt er. Fort von dem, was andere von ihm wollen. Selbstbestimmter leben, so einfach ist das nicht. Aber, da bin ich sicher, er wird den Schritt wagen. Veränderung ist das Gegenteil von Tod.

Wie schreibt Jean Améry, am Ende seines Buches: »Lächeln, Atmen, Schreiten«.

Er versuchte es, es ging nicht. Er brachte sich um, zwei Jahre später.

INHALT

Der Weg   7

Tausende von kleinen Sternen   9

Hand an sich legen   27

Der Todeswunsch   49

Am Nullpunkt der Angst   69

Das Dunkle und das Helle   99

Schicksale, die Freiheit werden   113